Ahora imagino cosas

JULIÁN HERBERT
Ahora imagino cosas

RANDOM HOUSE

Papel certificado por el Forest Stewardship Council®

Primera edición: noviembre de 2022

© 2019, Julián Herbert
© 2019, derechos de edición mundiales en lengua castellana:
Penguin Random House Grupo Editorial, S.A. de C.V., Ciudad de México
© 2022, Penguin Random House Grupo Editorial, S.A.U.
Travessera de Gràcia, 47-49. 08021 Barcelona

Printed in Spain – Impreso en España

ISBN: 978-84-397-3745-2
Depósito legal: B-16.679-2022

Impreso en Huertas Industrias Gráficas, S.A.
Fuenlabrada (Madrid)

RH 37452

A Sylvia

Ahora imagino que
están bebiendo en el bosque.
Ahora imagino que
sos tan feliz, tan feliz.

Ahora imagino que
un amigo me está traicionando.
Ahora imagino que
extrañas sombras siguen mis pasos.

Ahora imagino que
mi tajada es más pequeña.
Ahora me acuerdo que
fui tan feliz, tan feliz.

Quiero enfrentarme a todos,
sí.
No me importa
cuán salvaje es la pelea.
No, no me importa.

Quiero enfrentarme a todos,
sí.
No me importa
si me muero en las peleas.
No, no me importa.

ÉL MATÓ A UN POLICÍA
MOTORIZADO

Índice

Acapulco *Timeless*

Sylvia y yo trepamos al yate Acarey a las nueve de la noche. Queremos bailar, ver las luces decadentes de la Zona Dorada desde el corazón de la bahía, beber alcohol adulterado y besuquearnos al aire libre, con la insolencia torpe de la que sólo son capaces los estudiantes de bachillerato y los turistas. Tampoco andamos solamente de paseo: traspusimos recién la puerta de lámina que conduce a la gente perdida al Bar del Puerto, en el zócalo, donde me entrevisté con un policía turístico cuyo nombre no puedo revelar. Me contó que es licenciado en Ciencias de la Comunicación y que gana un sueldo muy bajo; se siente subempleado. Me contó que cobra ochenta pesos a cada patrullero por desbloquear las frecuencias de los radios oficiales que les da el Ayuntamiento, lo que permite al usuario hablar sin costo a Canadá con sus parientes o dar pitazos estratégicos a los cárteles del crimen. Me contó que no existe personal suficiente para dar mantenimiento a las cámaras de vigilancia del municipio. Me contó que, para no poner en riesgo de despido a ningún elemento de la corporación, la policía acapulqueña manda siempre a los mismos candidatos a tomar los exámenes de control y confianza implementados por la autoridad federal. Me contó que no tiene uniforme porque su jefe y el director de policía están peleados, así que el presupuesto se destinó a otra cosa.

Mañana haré un recorrido por el Polígono D: distópicas barriadas posrurales cortadas a tajo por el bulevar Vicente Guerrero, la avenida por la que circula el Acabús, un moderno transporte público que atraviesa el maxitúnel no sólo para llegar más rápido desde la periferia lumpen hasta la zona hotelera, también para pasar debajo de la carne humana en descomposición sin tener que mirarla.

La tradición porteña de la violencia cansa, y cuando no te cansa es una caricatura criminal.

—Tengo unos primos que vivían en la cañada de Los Lirios —me confió Virgilio en nuestro primer encuentro; bebíamos expresos en el Starbucks de Las Torres Gemelas—. Siempre hablaban de robos, de la gente a la que habían golpeado. Yo me decía: estos costeños son delincuentes por naturaleza. Tardé años en comprender que tanta sangre no viene en la sangre: viene de la historia social.

La banda del yate toca pésimas canciones de Luis Miguel mientras a bordo flotamos en brazos de la vulgaridad y la indolencia. Sylvia y yo estamos sentados en la tercera cubierta. Conforme nos alejamos del embarcadero, intento descifrar para mi novia las luces de la costa: "Aquello es el Acapulco Plaza, ése ha de ser Elcano y este otro, el Presidente...". Existen pocos lugares que me conmuevan tanto como la playa de mi pueblo natal. Es una beldad a tientas donde se mezclan el erotismo adolescente y el lujo decrépito, los hoteles que cauterizaron la visión del océano, la infranqueable puerta del Baby'O ("la disco más increíble de planeta" según Carlos Pietrasanta, alias Gardel, su eterno director), un prostíbulo llamado La Huerta y el fantasma de mi madre, Grandmaster Flash y un videoclip de Duran Duran en la pantalla gigante de Le Dom, el patinadero y Marlén, mi novia por la que perdí una muela en un pleito: un semicírculo de destellos contra el que choca, grácil, el agua salada y primordial de la memoria.

—Llevamos siete décadas intentando estrangularla —le digo histriónicamente a Syl—. Y mírala: sigue siendo la bahía más bonita de México.

Descendemos a la primera cubierta y bailamos, porque están tocando una de La Sonora Dinamita. Pienso en los señores que a veces publican consternadas crónicas sobre morir en Acapulco, el peligro en las calles, la droga, la prostitución infantil, el resentimiento y los damnificados, la podredumbre y las autodefensas: ¿acaso esas personas nunca bailan? ¿No han aspirado el tufo a ostión de la entrepierna de costeña? ¿No han visto a los costeños agarrándose la verga a toda hora: en el mercado, en las cantinas, en los quicios de las puertas? ¿No ordenaron margaritas en el hotel El Mirador mientras los clavadistas saltaban de La Quebrada, no comieron paletas de nanche en la avenida Cuauhtémoc bajo una humedad del ochenta por ciento, no fueron al pozole un jueves por la tarde ni al hotel de Johnny Weissmüller un domingo? No soy insensible al presente, pero tampoco puedo resignarme del todo a no ser el Scott Fitzgerald Región Cuatro de mi pueblo. Siento que algo recóndito quedará del Acapulco arruinado y sin embargo glamoroso y romántico que atisbé en mi niñez. Quiero encontrarlo.

Por otro lado, la crudelísima guerra entre facciones y microfacciones de algo que ya no sé si llamar crimen organizado me recuerda al Guerrero rural de los años setenta: una pila de históricos fracasos rebeldes y oficiales. No digo esto para exculpar a los cárteles: por supuesto que son criminales y los principales responsables de la plaga de plomo que aqueja al país. No creo que la violencia guerrerense del presente sea una fatal consecuencia histórica, pero sí creo que el fracaso en el combate a esa violencia tiene que ver, al menos en parte, con una carencia de reflexión histórica.

Acapulco es un lujo derritiéndose al sol: es todos los episodios de su historia al unísono. Acapulco es *timeless* como el yate Acarey, esta nave de los locos cuya *cheesy* embriaguez anhelé de más joven por creerla suntuosa. Desde aquí, Sylvia y yo vemos pasar los edificios de la Costera Miguel Alemán: negros icebergs rellenos de luz artificial que se pudren de miedo bajo la noche sola.

* * *

Es mediodía. Virgilio y yo caminamos rumbo al pedestal en forma de ola que sostiene a la Diana Cazadora. Nuestro plan es recorrer, a pie y en camión, parte del Polígono D: un enclave de cañadas al noreste de Acapulco donde se localizan las colonias Emiliano Zapata, Paraíso, Las Cruces, Ciudad Renacimiento, Libertadores y Simón Bolívar. En el vórtice de estos tradicionales barrios bravos y pobres, la autoridad estatal decidió construir hace tiempo —con un tino que resultaría risible si no fuera ominoso— el Centro de Readaptación Social (CERESO) de Las Cruces.

—La primera vez que vi un cuerno de chivo fue en la tele —dice Virgilio—, el día que se dio a conocer el EPR. Me sorprendió que una guerrilla local tuviera armas de ese calibre. Pero la primera vez que los acapulqueños supimos lo que era un rifle de asalto fue en el 2006, aquí en la esquina: un tipo venía bajando en una *pick-up* por Farallón del Obispo y, al dar vuelta en la Diana, un comando lo atacó. De él no dejaron nada. Es el primer recuerdo que tengo de la narcoviolencia en Acapulco. Luego pasó la balacera en La Garita y la ciudad se hundió en el caos.

Virgilio es periodista; trabaja en medios impresos y ha escrito un par de libros. Después de leer el primer *draft* de esta crónica, me autorizó a publicarla con la condición de no revelar su nombre. Sustituí su identidad con el seudónimo *Virgilio* por obvias razones.

En Farallón del Obispo tomamos un destartalado ruta que nos subirá hasta la colonia Emiliano Zapata. Mientras brincoteamos sobre los asientos del camión, pregunto a mi guía quién cree que orquestó el tiroteo de julio pasado dentro del penal, que dejó un saldo de 28 muertos. Responde con aplomo, pero en tono bajito y echando un rápido vistazo alrededor:

—Mejor ahorita que lleguemos allá arriba te platico.

Miro al resto de los pasajeros e intento adivinar quién de ellos podría ser un halcón del CIDA, de los Rojos o de la Barredora. Cualquiera, por supuesto. Cruzamos Acapulco desde la Costera, pasando por el centro, hasta la periferia situada en las lomas al Oriente, donde se unen los accesos al puerto que vienen del estado de Morelos y de la Costa Chica.

Uno de los aspectos que enmarcan la violencia acapulqueña contemporánea es la accidentada disposición orográfica y de trazo vehicular que envuelve la bahía. Acapulco cuenta con una suerte de amurallamiento natural hecho de cerros. Las distintas facciones de la delincuencia organizada que pelean por la plaza coparon la parte superior del área urbana, y ahora guardan una severa vigilancia sobre el núcleo turístico y comercial que se afincó desde muy temprano al pie de las colinas, en esa angosta franja de atardeceres y playas un poco *eloi* que aparece en las películas viejas. Incluso algunos de los barrios elevados y otrora bien avenidos —por ejemplo Mozimba, al Poniente, o la Bonfil, cerca de donde estuvo alguna vez la residencia del cantante Luis Miguel—, son ahora focos penetrados por la narcoautoridad. Lo único que se les ha ocurrido a las instancias oficiales para recuperar de manos de los poderes fácticos algunos trazos de este Acapulco histórico ha sido facilitar, en 2012, la filmación —en el zócalo y los barrios de La Candelaria y La Pinzona— de un videoclip donde Jennifer Lopez y Wisin y Yandel hacen algo que quisiera ser *parkour* en compañía de dobles, muchos cortes de cámara y una tonada insulsa.

Virgilio y yo descendemos del camión en la última parada, el punto más alto de la colonia Zapata, y nos devolvemos cuesta abajo caminando; hacemos trazos que quisieran ser concéntricos, mas son sólo un zigzag entre las calles de tierra. (Es entonces cuando pienso por primera vez que soy un Dante Región Cuatro derritiéndose al sol junto a una sombra.)

Ambos oteamos en busca del monumental edificio de hormigón gris que, sabemos, se yergue en algún sitio a nuestros pies: el penal de Acapulco. Mi compañero nota que ambos vestimos pantalón de mezclilla y camisa azul claro.

—Eso es bueno —decide—. Así, si nos paran y preguntan, les decimos que somos del INEGI.

Nadie nos para. El barrio luce tranquilo: perros huevones y uno que otro bravo, mujeres en short lanzando a la calle baldes de agua sucia, niños descalzos que corren hacia sus casas con los pies quemados y llevando un kilo de tortillas en la mano, chavos y viejos sentados junto a una caguama, algún balón que intenta sin fortuna armar una cáscara al interior de la máquina sofocante del día, hecha de humedad y sol. Me dan ganas de preguntarle a un desconocido dónde puedo conectar perico, a ver si así se pone en marcha la baraja de los acontecimientos. No lo hago por respeto a mi guía: él es un periodista escrupuloso, trabaja inmerso en la comunidad y vive aquí. Yo en cambio soy un periodista impuro, un escritor que está de paso en la ciudad.

Al poco rato, ambos tenemos empapadas de sudor las camisas. Hemos caminado durante más de una hora. Virgilio me describe algunos aspectos de la violencia en el puerto: desde el narcomenudeo y la extorsión (los delincuentes acostumbran presentarse ante sus víctimas con un recado escrito a mano y el obsequio de una bala) hasta el negocio de maquinitas de videojuegos en las misceláneas: incluso esto es controlado por las mafias locales. Me habla también de las autodefensas lideradas por Bruno Plácido Valerio (qué nombrazo de tribuno) y de los tejemanejes y chapulinazgos que decoran la política local. Más que al lenguaje de un reportero de la nota roja, el de Virgilio se asemeja al de un sociólogo o trabajador comunitario: sé que me voy a equivocar a la hora de recrearlo, porque rehúye el cinismo pero también el habla coloquial. Me pregunto cómo puede saber tanto del lado oscuro de la vida acapulqueña y, a la vez, mantener un fraseo en el que prevalecen el decoro y la ecuanimidad. Supongo que una manera de lograrlo es siendo, como es él, un hombre decente.

Ésta habría sido una caminata pintoresca de no ser por el filo de alerta que percibo a cada paso en la mirada de mi anfitrión. De pronto damos una vuelta y terminamos en un callejón sin salida. Aprovechamos para tomar un poco de aire. Retomamos la marcha y al poco rato, luego de trepar una cuesta —estamos ya en una colonia distinta, tal vez Libertadores— lo vemos por fin allá abajo: es el penal de Las Cruces con sus cercos de alambre plateado, su perímetro de cañadas rectangulares, sus torres de cristal casi negro y sus muros grisáceos. Más que un presidio, parece a lo lejos la ciudad infernal de Dite o una fortaleza de orcos sacada de *El señor de los anillos*. Virgilio sonríe, respira y, mientras señala el edificio, marca un número en su teléfono celular. Sospecho que conversa con una mujer: sus ademanes y el tono de su voz lo delatan.

—¿Qué crees? Ando aquí por tu barrio. Traje a un escritorzuelo para que conociera —dice esto y me sonríe con una complicidad que me desarma—. Sí, ya sabes cómo son. No es chilango: es una mezcla rara de norteño-acapulqueño. Sí. Luego te traigo un libro suyo. Dedicado.

Se despide y cuelga.

De nuevo descendemos por calles desiertas y buscamos una tienda de abarrotes donde comprar cerveza. Mientras bordeamos un parquecito de juegos infantiles recién pintados por el municipio, vuelvo a preguntar:

—¿Quiénes son los responsables de la balacera que hubo en el penal en julio?

—Yo supongo que el Cártel Independiente de Acapulco; un ajuste de cuentas con grupos adversarios. Un periódico local sabía que en el enfrentamiento se usaron armas de fuego, pero no quiso publicar la información hasta que no salió a declarar el gobernador Astudillo. Lo que el gobernador omitió es que en el enfrentamiento no se usaron pistolas sino rifles de asalto.

—¿Cómo lo sabes?

—Porque me consta: los escuché.

De golpe encuentro un hilo narrativo del que no sé cómo tirar.

—Pero el enfrentamiento fue después de medianoche. ¿Qué hacías tú dentro del penal después de medianoche, Virgilio?

Intuyo que Virgilio se da cuenta de que acaba de cometer una indiscreción.

—Nunca dije que estaba adentro.

Quiero hacer más preguntas, pero él me ignora y señala hacia un expendio:

—¿Nos tomamos una chela?

Contesto que sí. Estoy sudando como un cerdo.

★ ★ ★

Mi papá le pegó a Barry White. Es una historia chistosa y vergonzante que nunca supe poner por escrito, aunque la vierto de vez en cuando en una plática. Es casi nada: Gilberto Herbert —años más tarde cambiaría su apellido al de Membreño— emigró a Acapulco desde la Costa Grande; era de Tecpan de Galeana. Tuvo un primer empleo como repartidor de una farmacia y, tras casarse con mi madre —una prostituta a la que retiró de La Huerta para mandarla a estudiar corte y confección—, consiguió colocarse de *bellboy* (decía mi madre que lloraba por las noches: "¡Me visten de payaso!") en el hotel Pierre Marqués del magnate Paul Getty. Pronto ascendió a recepcionista.

Una noche de los años setenta, un huésped volvía al Pierre recién desembarcado de la disoluta oscuridad acapulqueña; era el cantante Barry White. Papá cubría el turno tercero. Sabía que el artista estaba hospedado con ellos y planeaba pedirle un autógrafo. No sé si Barry venía ebrio o de mal humor o si mi padre fue imprudente o qué. El caso fue que se hicieron de palabras, al joven don Gilberto le salió lo tecpaneco y púmbale: sentó de nalgas al cantante de un puñetazo en la nariz. Fue despedido de inmediato. Pero Acapulco es *timeless*: años más tarde, cuando el carácter de mi madre ya nos había separado para siempre, el señor Membreño regresó a trabajar al hotel. No de recepcionista y mucho menos de *bellboy*: fue nombrado gerente de reservaciones. A la larga llegó a ser uno de los ejecutivos hoteleros más seductores y eficientes del puerto, y hasta la fecha sobrevive un puñado de personas de la industria que lo recuerdan con afecto. Murió en 2010. Tengo la impresión de que no era un mal tipo.

Mamá nos sacó de Acapulco cuando yo era pequeño. Decía, sin dar más explicaciones, que el puerto era hermoso para vivir la juventud (se refería por supuesto a *su* juventud), pero una pesadilla para criar a los niños. Nos fuimos al norte: primero a Nuevo León, después a Coahuila. En los ochenta mi familia cayó en desgracia económica y mi hermano mayor volvió a Acapulco: quería buscarse la vida en el medio hotelero. Demasiado orgulloso para acudir a papá, buscó a mi tío Martín Romero y a David Rabiela, amigos de don Gilberto. Ellos lo emplearon y le enseñaron el oficio. Cuando accedió a un puesto solvente, Jorge nos trajo a mis hermanos y a mí a vivir con él.

Era 1985. Yo tenía catorce años y pasaba el tiempo entre la escuela (la secundaria federal Amado Nervo) y la vagancia: *break dance*, cintas fluorescentes para los tenis Converse, *mixtapes* y Atari y marihuana en las esquinas. Tenía un vecino al que le habían metido un plomazo en una nalga y me quedaba claro que había que huirle siempre a los soldados, siempre: en cualquier circunstancia. Fuera de eso, Acapulco me parecía una ciudad supersegura, por cuyas calles podías pasear de madrugada sin arriesgarte a mucho más que recibir un bofetón. Luego vino septiembre y, con él, el terremoto.

Mamá entró en pánico; nos ordenó abandonar el puerto de inmediato, como si éste fuera a colapsar (cosa que eventualmente sucedió). Odié a mi madre durante meses por haberme expulsado del paraíso playero y por obligarme a vivir en un desierto que hoy adoro.

Poco antes del temblor, durante *my own private*, época dorada en Acapulco, pasé algunas tardes en el departamento de personal del hotel Las Torres Gemelas, cuyo gerente era mi tío Martín Romero (un tipo idéntico al cantante Alberto Vázquez, por cierto). Me daban unos centavos y el acceso a la piscina a cambio de un trabajo simple: retirar del reloj checador las tarjetas de los empleados que serían despedidos ese día. Como la mayoría de los contratos eran provisionales, éste era el modo sutil en que la empresa ordenaba a los trabajadores no presentarse a trabajar al día siguiente. O nunca. Después, la compañía tardaba meses en pagar a esta gente los últimos salarios devengados. Mi tío Martín era un hombre bonachón que decidía a quién correr cada mañana haciendo una regla de tres simple entre el nivel de ocupación turística, el número de empleados en servicio y lo que le dictara su reverenda gana. Más que contratar, su función era despedir gente, y lo hacía con gozo. Pienso en esto a contraluz de los años, y me pregunto cómo es posible que los ejecutivos hoteleros de entonces no hayan imaginado que este tipo de prácticas acabarían en lo obvio: despeñando a un sector de la fuerza laboral acapulqueña en los brazos del crimen.

★ ★ ★

Creo que los microrregionalismos guerrerenses son un índice de información relevante para analizar un sector del tejido social de Acapulco. Nosotros, por ejemplo: mi familia vivió siempre en la colonia Aguas Blancas (donde estaba el antiguo penal acapulqueño) o en Mozimba, más en alguna otra casa cercana a la avenida Ejido. Esto se explica, al menos en parte, porque los rumbos y las relaciones afectivas de mi madre eran vecinos a la zona de tolerancia, y porque mi padre provenía de la Costa Grande —hacia la colindancia de Guerrero con la Tierra Caliente michoacana—; es común encontrar migrantes de esa región en los barrios occidentales de Acapulco. En cambio en el Polígono D, al Oriente, proliferan vecinos que descienden de migrantes de la Costa Chica —hacia la colindancia con Oaxaca, vía Pinotepa Nacional—. Esto no es un absoluto, pero sí algo que podría afectar las alianzas familiares, el tipo de oficios, la gastronomía, incluso la filiación con determinados grupos criminales: la presencia de la Familia Michoacana y de sus allegados es quizá más constante en el área occidental y en el centro del puerto, mientras que probablemente las rémoras del grupo de Édgar Valdez Villarreal, alias la Barbie, tendrán más poder (y un brazo armado integrado por jovencísimos migrantes pobres de la Costa Chica) en el Polígono D; incluso en el CERESO de Las Cruces. Insisto: no se trata de una clasificación o un dato duro, sino de una tendencia conjeturable.

Los patrones migratorios acarrean temas tan peculiares como el de las rencillas familiares rurales que perduran por generaciones; las luchas por reivindicaciones sociales que alguna vez enfrentaron a caciques políticos locales contra guerrilleros de filiación marxista y ahora enfrentan a caciques vinculados al narco contra las autodefensas y las policías comunitarias; e incluso chovinismos que hacen que una región guerrerense (Montaña, Centro, etcétera) se considere superior a otra, lo que en no pocas ocasiones se ha manifestado como brotes de violencia que se extienden en el tiempo.

Lo que intento decir es que no me parece sensato obviar la violencia política e histórica cuando se analiza el recrudecimiento de la narcoviolencia en Guerrero. Es cierto que una no es lo mismo que la otra, pero existe entre ambas una correspondencia significativa. Y el núcleo urbano donde esta problemática posrural se manifiesta de manera más traumática es, por supuesto, Acapulco.

Otro proceso que influye en el fenómeno microrregional es la historia de las comunicaciones en Guerrero: el trazo carretero sigue siendo uno de los más ineficientes del país (en gran medida por cuestiones geográficas, pero también a causa de la proverbial corrupción de los gobiernos estatales), lo que intensifica la noción de pertenencia regional y rompe los probables lazos de una identidad territorial compartida. Si los políticos mexicanos se resisten a notarlo, ¿cómo sería visible un problema tan sutil para el periodismo internacional? El microrregionalismo guerrerense es un precepto cultural y político tan acendrado que, entre otras cosas, entorpeció durante todo el régimen de Enrique Peña Nieto la aplicación de estrategias federales de seguridad tan pragmáticas como la unificación de radiocomunicaciones mediante equipos Matra, el incremento de salarios y prestaciones a los cuerpos policiacos, el funcionamiento calendarizado del Consejo Estatal de Seguridad Pública bajo un esquema de compromisos firmados y cumplidos, el establecimiento de la estrategia de mando único en todas las policías municipales, y la aplicación de evaluaciones de control y de confianza a la totalidad de los policías y servidores públicos estatales y municipales involucrados en el combate a la delincuencia organizada.

De acuerdo con un informe de la revista *Forbes*, Guerrero fue uno de los estados mexicanos con mayor crecimiento económico en 2017: alcanzó un 7.1 por ciento, cifra casi idéntica a la de China en el mismo periodo. Pero la catástrofe en materia de seguridad pública ha hecho que este dato resulte irrelevante para la mayoría de los ciudadanos.

★ ★ ★

En abril de 2017, Acapulco participó de un evento traumático para mi generación: la antigua casa de playa de Luis Miguel fue derruida. Okey: llamar a esto "un evento traumático" es una hipérbole; la propiedad arrastraba lustros de abandono y fue vendida por el cantante en 2014 para cubrir millonarias deudas de predial. Aun así, el pequeño Scott Fitzgerald Región Cuatro que vive en mi corazón consignó este destrozo (difundido casi exclusivamente por revistas y programas de chismes) como la extinción del espectro Jay Gatsby que por décadas tuvo hechizada la bahía.

¿Qué fue del glamur de Acapulco? ¿Cuál es la relación entre la decadencia del puerto y la mentalidad de los nuevos capitanes de la llamada "industria sin chimeneas"? ¿Cómo afecta al crecimiento económico de un destino turístico la destrucción de su patrimonio intangible (y ¿es acaso el glamur un patrimonio intangible?)? Soy lego en temas financieros y desconozco miles de detalles de esta historia: después de todo, siempre fui el chico lumpen hijo de una prostituta y un *bellboy* que atisba la opulencia desde la acera de enfrente. Sin embargo, confío en que el lector encontrará en mi relato una vaga moraleja que le es familiar.

La primera época del puerto (*The Golden Age*) fue duradera y majestuosa y está ligada a luminarias nacionales y extranjeras como Pedro Infante, María Félix, Elvis Presley, Johnny Weissmüller y la luna de miel de Jackie y John F. Kennedy. Es un periodo que vio su apoteosis en los años sesenta, cuando la Revolución cubana ordenó desalojar la fiesta que había sido el Caribe y la parranda anglosajona no tuvo más remedio que curarse la cruda en Acapulco, *of all places*, donde algunos virtuosos de la música antillana (así Lobo y Melón) cobraron madurez tocando en un putero. Incluso los prostíbulos de Acapulco tenían en esa época un aura señorial, y su mejor ejemplo fue La Huerta, en las calles del Canal y Mal Paso, a un ladito de la siempre decadente Zona Roja de Aguas Blancas. Dicen que el administrador del congal (padre del periodista Alfonso Pérez Vicente) era asimismo dueño de la casa de junto, y en ella había mandado construir una puerta secreta para que los invitados especiales —gente famosa y así— ingresaran a La Huerta sin testigos. Hoy los terrenos donde estuvo ese lugar se han convertido en una morgue de autobuses.

Acapulco peinó sus primeras canas (su Edad de Plata) en los setenta. Había por todas partes hoteles de gran lujo, bares y discotecs donde el cantante Rod Stewart se divertía hasta el amanecer del brazo de *top models* y lancheros de Coyuca. Había, dicen los viejos, todo tipo de sustancias: heroína, anfetaminas, aunque la cocaína era la reina de la noche. La cercanía con la Ciudad de México y los afanes chilangos de asomarse a la vitrina más cosmopolita del país generaron otro tipo de turismo, menos opulento pero más constante: una generación de jóvenes convirtió Acapulco en su locura de fin de semana, e incluso algunos de ellos llegarían a ser (tal es el caso de Eduardo Césarman y Rafael Villafañe, propietarios del Baby'O) los nuevos motores empresariales de la ciudad. También llegaban, sobre todo del mundo anglosajón y —de vez en cuando— de México, familias con hambre de *bliss* y epifanía. Acapulco era la cumbre del *jet set* internacional, pero logró cultivar un nicho para el wanabismo de (cierta) clase media alta, al tiempo que convencía a toda una generación de acapulqueños de que la movilidad social y la meritocracia no sólo eran factibles: eran lo normal.

El 28 de diciembre de 1977 abrió por primera vez sus puertas el Baby'O, la discotec más exclusiva y faraónica de México. En 2015, la revista *Quién* publicó un reportaje por entregas, firmado por Aníbal Santiago, donde se relata de manera ejemplar la historia de este antro, su pantomima de biberones llenos de vodka y fiestas en piyama (el inconsciente está expuesto), su desquiciada frivolidad, su culto casi romano a la lujuria *cool*, su tautológica invocación del dinero llama dinero, su estupidez angelical y una excéntrica y tal vez conmovedora versión de la amistad donde los ricos arrojan exorbitantes propinas a los pobres en agradecimiento por haber sido tratados, por una vez, como *parnas* y no como amos. El texto de Aníbal Santiago no tiene casi filtro: narra balaceras protagonizadas por hijos de políticos, un par de homicidios cometidos sobre la Costera que pusieron en conflicto a las esferas municipal y federal (los entrevistados afirman que en uno de estos eventos participó la guardia presidencial que resguardaba a la primera dama Carmen Romano), despilfarros y desplantes de empresarios y *spoiled children* como Emilio Azcárraga o Emilio Azcárraga Jean o Jaime Camil, el idilio fugaz entre Brooke Shields y Carlos Pietrasanta "el Capitán" Gardel, la fiesta de Michael Jordan junto a un miniharén de rubias y el deseo posterior del deportista de borrar todas la cintas del circuito cerrado y así evitar una demanda de divorcio, la presencia de un Christian Castro niño encerrado en el cuarto de los técnicos mientras su madre se reventaba un rato, una princesa (Estefanía de Mónaco) a la que se negó la entrada al club por asistir descalza y ebria, la narcisista y bonachona aparición de Bono que eclipsó al Sol, la vocación secreta de DJ de *electrohouse* del Charal, uno de los hijos de Carlos Slim... El reportaje consigna también la tristeza elemental de un tipo tímido y cortés y aniñado y rodeado de guaruras y mujeres hermosas y harto de la farándula y enviciado de ella: Luis Miguel.

Lo que el reportaje de Aníbal Santiago no confiesa es dónde desembocó todo esto: cuando el *jet set* se largó de Acapulco (no sé: a Cancún o de vuelta a La Habana o a Nueva York o a Roma), otras personas con dinero, poder y cierta popularidad llegaron a ocupar sus mesas: eran los líderes de los cárteles del narcotráfico, con Édgar Valdez Villarreal, alias la Barbie, a la cabeza. El Baby'O fue uno de los primeros establecimientos en abrir a estas personas las puertas de Acapulco.

Los fenómenos que afectaron el perfil del turismo local entre los ochenta y los noventa son múltiples: desde huelgas aeroportuarias en Estados Unidos hasta la expansión de nuevos destinos playeros mexicanos con aura mística y virginal —como la Riviera Maya— o más crudos y obscenos y a menor distancia de Hollywood —por ejemplo Los Cabos, donde el actor Charlie Sheen y el cantante de *heavy metal* Sammy Hagar forjarían, cada uno por su lado, novedosas leyendas—. El promedio de edad del turista extranjero en Acapulco envejeció, al tiempo que delitos como el narcotráfico y la prostitución infantil comenzaban a ser noticia, primero local y después nacional.

¿Pudo la industria turística acapulqueña haber competido en ese contexto? Yo creo que sí, y creo que sus líderes decidieron no hacerlo.

Los ejecutivos hoteleros del Acapulco de Plata tenían el *know how*; eran los mejores en su oficio. Prueba de ello es que buena parte de la generación de mi padre (entre ellos Rabiela, mi tío Martín y don Gilberto) emigró en los ochenta y noventa para hacerse cargo de los nuevos hoteles con el concepto sol y playa que se abrían en Quintana Roo, Nayarit y Jalisco. En Cancún eran tantos los guerrerenses emigrados que fundaron una asociación, e incluso la gastronomía de la península se vio afectada por esta ola; el dominical relleno guerrerense —tradición de la Costa Grande— se convirtió en un manjar habitual en el centro y en algunos barrios de Puerto Juárez, lo mismo que el imperdonable pozole de los jueves.

Al marcharse de Acapulco, los viejos capitanes de la industria dejaron sus posiciones (David Rabiela se lo dijo literalmente a mi hermano Jorge, pellizcando con dos de sus dedos la camisa polo de su uniforme laboral: "Ésta es tuya") en manos de la siguiente generación: un grupo de jóvenes ambiciosos graduados de escuelas de hotelería que habían tomado quizás *a little bit too many* clases de economía. Aquí se impone una doble digresión.

Primero: mi padre manejaba un Mustang color blanco del 65 en perfecto estado, dilapidaba sus ganancias con el desenfado de un cónsul y envejeció vistiendo como dandy, bebiendo como si tuviera un hijo loco y durmiendo con chicas a las que doblaba la edad. Muchos ejecutivos de su generación se comportaban así: eran fanáticos de la fiesta interminable y le prendían fuego a su casa con tal de verla arder. Los nuevos capitanes de la industria, en cambio, estaban hartos de la irresponsabilidad de sus padres: querían hacer dinero rápido, ahorrar, montar un buen negocio, casarse, unirse al Opus Dei, fundar una familia con valores. El salto no pudo ser más radical: del romanticismo hotelero a la consolidación del patrimonio. Los nuevos patrones de ahorro y consumo golpearon de lleno la movilidad social.

Segundo: el ramo hotelero es inconstante. Divide su calendario en temporada alta (de diciembre al *Spring Break* y Semana Santa, que es cuando viaja el turismo anglosajón); temporada media (verano: turismo nacional), y temporada baja (el resto de los meses). En una economía turística bien organizada, la temporada baja se destina a la planeación y el mantenimiento. Pero eso jamás existió en Acapulco: los ejecutivos y propietarios exprimieron lo más posible su giro sin invertir casi nada en el buen estado de los inmuebles, las comodidades y el equipamiento. Despedían a su excedente de personal cada que bajaba la ocupación de habitaciones y dejaron —como en su momento sucedió en La Habana— que la Zona Dorada y otros territorios vip se vinieran abajo. A la hora de buscar nuevas opciones de desarrollo, y a sabiendas de que los costos de restauración y las estrategias de promoción y relanzamiento iban a resultar caros y lentos (cuando no inciertos), tanto los políticos como los inversionistas optaron por comportarse —aquí parafraseo al agente Smith de *The Matrix*— no como mamíferos sino como un virus: abandonaron el territorio devastado y buscaron un nuevo organismo sobre el cual medrar. Así nació el Acapulco Diamante, un confortable pero genérico distrito donde hoy se concentra no lo más exclusivo, sino lo más costoso de la vida en el puerto. Diamante puede parecernos chic, pero nunca tendrá el aura entre idílica y aristocrática que alguna vez tuvieron la Zona Dorada, Pie de la Cuesta o Puerto Marqués.

Desde que los nuevos capitanes de la industria tomaron las riendas, Acapulco se ha vuelto un remate de bodega. Los hoteles otrora dignos —Acapulco Gran Plaza, Calinda Beach, Elcano, Fiesta Americana, Romano Palace— se venden al mayoreo, ya sea para grupos o en modalidad chárter, cuando no se han convertido en una lastimosa variedad del *timeshare* y el *all inclusive*: adaptaciones del negocio que facilitan el fraude por parte de agencias de viajes y mayoristas, y cuyas estrategias, paquetes y productos son casi siempre de mala calidad. Lo que menos importa es la experiencia particular del viajero y el encuentro cultural entre éste y el prestador de servicios; de lo que se trata es de comprar a un dólar y vender a cuatro. Esto ha convertido a Acapulco en un destino de segunda categoría. Tal vez el principal afectado sea el operario de a pie, que acostumbraba vivir de las propinas y ahora tiene que lidiar con un tipo de turista bastante menos generoso que el de antes.

Sylvia y yo conseguimos una habitación barata en el hotel Presidente. El edificio sigue siendo encantador, la piscina es inmensa y la vista de la bahía hermosa. Pero las sábanas te sacan ronchas en la espalda, las toallas se pudren, el aire acondicionado ronca peor que un cachalote y la cocina y el bar son casi tan infames como los del hotel Elcano, que está a punto de convertirse en la barra de un Oxxo. Es difícil encontrar un restaurant regularcito en el vecindario, salvo por El Jaguar; el resto son pizzerías genéricas y taquerías muy por debajo de la media. La señorita de ventas del Presidente telefonea a nuestra habitación y nos invita a un desayuno de cortesía donde intentarán con lastimosa sevicia enjaretarnos la compra de un tiempo compartido en connivencia con una pareja de ancianos de Toluca. No, gracias.

Vamos a Pipo's y ordenamos langosta con un chardonnay. Sylvia luce muy bella; su porte y su *outfit* devuelven al salón un poquito del glamur que el puerto extraña. Los platos no están mal. El inmueble está cayéndose a pedazos, pero no me molesta porque no quiero lujo (qué putas voy a saber yo de lujo): sólo aspiro a un momento no del todo vulgar.

Mi amiga Margarita Álvarez (diseñadora de interiores, pareja de un chef memorable y exesposa de un fabricante de corcholatas) me dijo una vez que sólo existen dos modos de hacer plata: vender algo muy básico y barato a las multitudes, o venderle algo carísimo y extraño al uno por ciento. Sin embargo, Acapulco logró en algún momento de su historia vendernos también un anhelo: el de participar del paraíso a un costo razonable. Muchos acapulqueños bien afincados de mi generación son producto de la movilidad social de los ochenta, y dudo que alguien como mi hermano mayor (quien vive en Japón desde hace veinte años y es subdirector de una pequeña empresa) hubiera llegado tan lejos sin la pátina de seguridad en sí mismo y *joie de vivre* que le imprimió la cultura de Acapulco. Es esto lo que busco y no encuentro ahora.

Noté, al revisar estadísticas oficiales, que Guerrero se mantiene desde 2012 entre las entidades mexicanas con mayor crecimiento económico. Al mismo tiempo, es uno de los estados donde la brecha de la desigualdad se ha profundizado de manera más dramática. Creo que esto se debe, al menos en parte, al empobrecimiento de la cultura turística: se trata de una de las industrias que de manera natural fomentaron la movilidad social y el intercambio de valores, pero este espíritu está en decadencia. Últimamente se habla de la explotación minera en distintas zonas de Guerrero, y se critica la escasa derrama que generan las trasnacionales; desconozco el tema, así que no lo abordaré. En otro escenario, una nota de *El Financiero* publicada el 22 de febrero de 2017 señala que el senador Armando Ríos Piter afirmó que la mayor parte del crecimiento económico actual de la entidad se debe a la ilegalidad: el incremento en el cultivo y la exportación de goma de opio. No tengo información privilegiada ni datos duros que me permitan adoptar una postura al respecto, sólo tengo sentido común: es evidente que el crecimiento económico no está haciendo gran cosa por las miles de personas que mueren, son extorsionadas, han sido damnificadas, desplazadas, o viven en condiciones de extrema pobreza y violencia en Acapulco y, en general, en Guerrero. Hay algo en la ecuación que simplemente está mal. Y no lo digo nada más en un sentido histórico o matemático; lo digo también en un sentido ético.

★ ★ ★

En 2016 entrevisté a Víctor Zamora, a la sazón secretario de Gobierno del Estado de Coahuila. Entre otras cosas, me habló de una declaración ante la PGR hecha por un líder capturado de los Zetas.

—Dijo el *pelao*: "Para adueñarte de una plaza necesitas tres cosas: controlar el penal; controlar a la policía municipal, y tener una fuerza de unos treinta hombres armados, bien entrenados y dispuestos a todo".

La idea es descorazonadora, pero explica por qué hubo una fuga masiva de reos del penal de Piedras Negras en 2012, o por qué esa cárcel sirvió como escenario de ejecuciones extrajudiciales durante el gobierno estatal de Humberto Moreira. Paralelamente, explica por qué en 2017 hubo dos cruentos motines en el penal de Acapulco, el último de los cuales dejó gravemente herido al director de la institución.

Luego de compartir un par de desabridas pero heladas cervezas Corona en medio de la calle, Virgilio y yo reemprendemos la marcha. Yo digo que ya ha sido suficiente, pero él insiste en que debemos llegar hasta las puertas del CERESO de Las Cruces.

Lo intentamos primero a través de una avenida muy bien pavimentada; al fondo nos topamos con un arroyo negro. Regresamos sobre nuestros pasos y avanzamos hacia una explanada; abajo, ya muy cerca, se alcanza a ver un camino de tierra que bordea el reclusorio. Estoy cansado —y secretamente frustrado ante el hecho de que nunca vimos nada extraordinario ni estuvimos en situación de riesgo turístico: nunca bajamos deveras al infierno de Acapulco—, pero Virgilio no lo nota: la cárcel es su obsesión.

Así que avanzamos entre chozas de bahareque y calles a medio trazar hasta una barriada nueva, sólo para toparnos con una intransitable bajadita de roca custodiada por tres o cuatro perros semisalvajes que me hacen pensar de nuevo en la *Divina Comedia*. Una negraza ni joven ni vieja, de caderas fatales, seguramente venida de Cuajinicuilapa o Pinotepa, aparece de golpe allá abajo entre los perros y nos dice, sin perder el aliento mientras escala rocas:

—Por allá pues, chamacos —y señala un caminito que no habíamos notado.

Virgilio abre la marcha. La vereda conduce a una calle transitada. "Aquí ya reconozco", dice mi guía con mal disimulado alborozo. Seguimos cuesta abajo durante diez, quince minutos; luego volvemos a ascender. Estoy exhausto. Hemos caminado durante cerca de cuatro horas. No tardará en oscurecer.

—Ésta por la que vamos es la Calle del Futbol —dice Virgilio mientras seguimos ascendiendo—. Al fondo está el penal, y al lado verás un barco.

Ya pienso que alucina, o que alucino yo: estamos lejos y a espaldas de la costa: ¿dónde, un barco?

Poco a poco distingo el vasto perímetro de tierra llana que circunda la cárcel.

Por la calle desciende, rauda, una vieja combi con este letrero: "Radio Koko".

—¿Te acuerdas de Radio Koko?

—¿La estación de música tropical? Claro.

—La cerraron. Pero en los terrenos aledaños se formó un asentamiento, y así se llama: Radio Koko.

Nos detenemos (soy gordo y estoy al borde del infarto) frente a una cerca de malla metálica. Al fondo se alcanza a ver el penal de Las Cruces: la fortaleza negra: la infernal ciudad de Dite de Acapulco. Más cerca, dentro del perímetro penitenciario, se distingue el esqueleto de una ambulancia muerta.

Virgilio se sujeta con una mano el pecho y con la otra señala hacia el lugar a donde venimos.

—La Calle del Futbol. A cada rato ejecutan gente aquí: miembros de los distintos cárteles que acuden al CERESO a visitar a los suyos. No puedo recorrerla sin ponerme nervioso.

Lo primero que pienso es: ¿por qué me lo dices después de hacerme recorrer ese tramo fatal durante quince minutos? Lo segundo que pienso es: ojalá pase algo ahora mismo.

Virgilio señala hacia el otro extremo de la calle, a un edificio abandonado que se yergue enfrente del acceso al penal.

—Eso es el barco.

Al principio no entiendo. Luego descubro, por encima de mi cabeza, la forma cónica de una quilla hecha de block y de cemento. Efectivamente, el edificio en ruinas que hay al otro lado de la calle del CERESO de Las Cruces tiene la forma de un transatlántico fantasma.

—Era un salón de fiestas. Tuvieron que clausurarlo por razones de seguridad.

Se me ocurre que el romanticismo y el glamur también pueden aparecer de golpe al pie de un calabozo.

Ya casi no respiro y no aguanto los pies. Lanzo una última pregunta al aire antes de sentarme en el suelo:

—Yo digo que estás obsesionado con el penal de Acapulco, Virgilio. ¿Por qué?

Virgilio medita unos segundos.

—Te lo voy a contar si me prometes no escribirlo.

Entonces me cuenta una bizarra y hermosa historia de amor que no voy a repetir aquí. Porque no quiero escribir nada que ponga en riesgo a otra persona. Y porque no soy lo que llaman un periodista puro: yo sólo soy un escritor que va de paso, por eso sé cómo decir sin decir un secreto.

Ahora imagino cosas

El 2 de octubre de 2005 me hicieron dos promesas o ahora imagino cosas. Primero cogí con una chica de la que no estaba seguro ni del nombre y ella susurró entre dientes Tengo Que Volverte A Ver, mientras algo como un lazo de lumbre se abría en la pared de nuestro cuarto de hotel, algo como esas tiras de luz hechas a tinta sobre papel barato por entre las que atraviesa sin tocar un ápice de cable la Antorcha Humana cuando viaja a universos paralelos mientras el resto de su *crew* pelea en Manhattan con Galactus, devorador de mundos, y algo así veía yo en la pared mientras abrazaba a esta chica de la que no estaba seguro ni del nombre, cintas de luz, algo que todavía no era amor pero ya se pavoneaba dentro de mi organismo como quien tiene el poder de destronar y decapitar monarcas, mariposas monarca, o ahora imagino cosas, y repetimos la frase a coro con la vehemencia de quien ensaya rock cristiano en una iglesia vieja mientras nos veníamos juntos Tengo Que Volverte A Ver, después amaneció y esta chica de la que no estaba seguro ni del nombre y yo nos bañamos, tomamos el desayuno, subimos a un autobús particular que nos llevaría de Morelia al D. F. porque en ese momento éramos miembros de una manada de perfectos holgazanes arrogantes que exudaban alcohol y humores extramaritales, un *fake black block* en cuyas filas acabábamos de militar y compartir cuatro días de adolescencia desnaturalizada y reconstituida, turbio Jumex de arte patrio, hordas gordas del presupuesto futuro: una entelequia conocida como Jóvenes Creadores del FONCA. Nos despedimos, esta chica de la que no estaba seguro ni del nombre y yo, a las puertas del Auditorio Nacional (Me llamo Ex Soy de Medios Alternativos Llámame) con la certeza de que el paseo sexual que acabábamos de compartir por el hipocampo de Galactus había sido el comienzo de cualquier premio o desastre, la promesa de que desde anoche éramos alguien juntos.

Por la tarde, tres amigos y yo nos hospedamos en un hotel de Tlalpan. Domingo: mucha tensión sexual en los elevadores y los pasillos, mucha putería y jotería y machería entrelazadas como las bellas hermanas idénticas que son, pero nosotros estábamos —como se dice en lengua franca acerca de los vegetales y en una un poco turbia de las carnes— desflemados: ¿quién vuelve de un carnaval con los genitales sin crucificar? Quien lo haga debería ser degollado.

Mis amigos y yo compramos un Jack Daniel's y vimos la final del Mundial sub-17 en la que México despedazó a Brasil y trajo la copa a casa. Esa fue la segunda promesa que se me dio en custodia aquel 2 de octubre: Somos chicos dijeron Nos entrenan en un sótano dijeron No importa dijeron Pronto creceremos y le daremos a México el mejor futbol que nunca y a Argentina por el culo. Eso fue, palabra por palabra, lo que los hijos de puta de la selección mexicana sub-17 del año 2005 prometieron mientras posaban sosteniendo el trofeo en alto. O ahora imagino cosas.

Ex dejó a su ex el 2 de diciembre y nos pusimos a vivir juntos. Rentamos un depa todo blanco y pintamos solo un muro de escarlata. Empecé a correr: vivíamos frente a la alameda y teníamos una perra lobero irlandés que requería largos paseos como parte de sus cuidados; bajé doce kilos en tres meses. No recuerdo qué invierno tuvimos esa vez en la ciudad pero recuerdo que el mundo era todo caliente. En marzo llegó la primavera y Ex compró una motocicleta en cuya parte trasera me llevaba de paseo por bulevares y autopistas. También mandó actualizar la prescripción de mis anteojos. Para celebrarlo, subimos al mirador y estalkeamos durante horas la ciudad a nuestros pies, montados en una de las piezas de artillería gringa con las que Saltillo (fiel a su vocación autoinmune) se bombardeó a sí misma en 1847. Nos quedamos allá arriba, en el corazón de un antiguo barrio tlaxcalteca que domina el Valle de Zapalinamé, hasta que oscureció. De regreso a casa paramos en un Oxxo —Ex se veía tan guapa y extraña y poderosa montada en su moto negra, con su vestidito de la dulce niña Candy y su casco de las SS— a comprar nuestra primera ración de estampas del álbum Panini conmemorativo del mundial de futbol Alemania 2006. No recuerdo haber visto un solo juego del evento (por eso le pedí a Chris que entrevistara a Eli y me ayudara a fabricar una memoria prostética al respecto, por eso y porque necesito robarle un recuerdo amoroso a Eli ahora que imagino cosas): estaba ocupado enamorándome de una mujer con casco de las SS. Ex y yo compramos juntos el álbum y casi lo llenamos. La primera estampa que nos salió fue Miroslav Klosse. También llegaron pronto los estadios de München y Dortmund. Pero cómo batallamos con Beckham y con Crespo, y de los mexicanos creo que con Rafa. Nunca logramos a Del Piero, y quizá por ahí nos quedó mal Sylvain Wiltord. En cambio todo Trinidad y Tobago te salía tan repetido que podías organizar un interescuadras, lo mismo con los suecos, y estimo que llegamos a tener unos 25 Khalid Boulahrouz. Ex nominó a la selección brasileña de ese año como la menos fotogénica de la historia. Al final llegamos a tener un álbum al que le faltaban menos de 20 rostros y una caja con más de 400 láminas repetidas, todo producto de arduo oficio: seguido se escaseaban las estampas en el pueblo y viajábamos en moto hasta sus confines en busca de los Seven y las tienditas apartadas, acudíamos incluso a las rancherías y las gasolineras de carretera aledañas en pos de lo que yo llamaba *barajitas de nadie*. ¿Cuánto dinero gastamos? Todo.

    ¿*Ubi sunt* las hazañas del Panini 2006 que Ex y yo compilamos durante un acceso de fiebre primaveral y pambolera y erótica? Yo juro que el bicho de treinta y tantas alas y cientos de caras multirraciales medio muertas supura todavía agazapado en algún clóset, agoniza no sé en casa de quién, pero no me hagan caso: ahora imagino cosas. La verdad no recuerdo cuál de los dos peleó más y ofendió más al otro para quedarse con el álbum Panini cuando Ex y yo nos divorciamos y vendimos la casa y los muebles que habíamos comprado a lo largo de diez años y ella se largó de la ciudad llevándose a mi hijo. No hay promesas sin resaca.

★ ★ ★

¿Qué estabas haciendo en 2006?
Tenía 17 años. Estudiaba en el Ateneo. Empecé a seguir el futbol a partir de que vi a Jared y al Pony Ruiz, creo que en 2000, y por esos weyes le empecé a ir al Santos. A los 15 había empezado a jugar con el mismo equipo con el que juego hasta la fecha. En esa época, un mundial era para mí lo mejor que podía pasar en el año. Vi pocos partidos del Corea/Japón 2002 porque los trasmitían bien tarde y me quedaba jetón, pero del Alemania 2006 los vi todos.

¿Cómo percibías al México de esa época?
Es el equipo al que más he querido. El técnico era Antonio Lavolpe y la escuadra procuraba tener siempre el balón, tocar, generar jugadas. Venían de una Copa Confederaciones 2005 donde le ganaron a Argentina y le hicieron un partidazo a Alemania. Venían de una buena racha contra los mejores del mundo y, aunque perdían, se pensaba que ese equipo llegaría lejos, nada más era cosa de hacer unos ajustes. No importaba en aquel tiempo el que los jugadores emigraran a Europa, ahora es algo muy cabrón; en aquel tiempo eran unos cuantos los que jugaban allá, Rafa Márquez en Barcelona, uno que otro. Pero la mayoría estaban aquí, porque a Europa a lo que iban era nomás a calentar la banca.

¿Cómo viste la distribución de grupos?
México era cabeza por primera vez en la historia. Había pasado normal la clasificación, no había tenido tantas broncas, estaban calando a un chingo de jugadores (tanto jóvenes como experimentados), se veía un espíritu de que sí había con qué. Entonces, cuando salen en el sorteo Irán, Angola y Portugal, hubo un silencio de alegría. México estaba en el top 10 de la FIFA y aquellos tres no eran los equipos tradicionales que históricamente te la van a complicar. Todos pensábamos que pasaríamos en primer lugar sin broncas y con todas las posibilidades de avanzar a cuartos de final.

¿Pensabas que México podía ser campeón?
No. Creíamos que haría un buen papel, pero tampoco que fuera a ganar. Tal vez lo veíamos jugando semifinales. Era un equipo al que amabas y odiabas, en especial porque Lavolpe no llevó a Cuauhtémoc Blanco, que era uno de los jugadores más importantes, pero se había burlado de los métodos del técnico. Aun así, México jugaba como un equipo europeo: todos atacaban, todos defendían, todos trataban de cuidar el balón; había una idea general y no nada más chispazos —que es como jugaba Cuau—. Pero sobre todo pensábamos que la fase de grupos estaría fácil.

★ ★ ★

Le pedí a mi amigo Chris que entrevistara a mi amigo Eli porque necesitaba robarle un recuerdo. No el anterior sino el que sigue: ahora imagino cosas.

El 16 de junio de 2015 organizamos un Bloomsday en la taberna El Cerdo de Babel. Hubo trajes de época, microperegrinajes, representaciones escénicas, cerveza negra y whiskey irlandés y riñón de cerdo asado y sexo en el baño de mujeres: desmesura, mucha tensión erótica, como lo ameritaba St. James Joyce. La mujer que ahora es mi novia lucía especialmente hermosa: llevaba un gran sombrero blanco y beige con una banda marrón que hacía juego con su falda, una anticuada sombrilla y un collar de perlas, y una blusa blanca de muy bonitos pliegues y unos guantes albísimos de encaje. Nos corrieron de la taberna a las dos de la mañana y nosotros —una banda de ocho o diez—, eufóricos, decidimos buscar cómo seguirla. Se nos ocurrió rentar una habitación del hotel Urdiñola y enviar a un taxista en una de las más difíciles misiones que se podían comisionar en el Saltillo de la Guerra contra los Zetas: comprar cerveza clandestina. En algún momento, mientras dos de mis amigas discutían con el recepcionista sobre cuántas personas podían ingresar a esa hora a la habitación, noté que alguien del grupo nos faltaba. Salí a la calle de Victoria y los vi a la distancia: mi amigo Eli y la mujer que ahora es mi novia se alejaban al poniente de la madrugada con rumbo a la alameda. Ella agitaba con desgano su sombrilla y tocaba el hombro de él con la mano izquierda desnuda, recién desenguantada; el gesto era una clara promesa de placer o ahora imagino cosas. Me parecieron hermosos, casi palabras de Virgilio más que humanos: *Ibant obscuri sola sub nocte per umbram.* Me dieron envidia: yo había regresado esa misma tarde de unas vacaciones en Mazatlán con mi mujer y con mi hijo y, aunque la amistad seguía intacta, recién había descubierto que el amor entre Ex y yo se había acabado. Tal vez fue aquella noche cuando me enamoré de la mujer que ahora es mi novia, pero me dio tanto miedo que tardé más de un año en aceptarlo.

★ ★ ★

Cuéntanos tu versión de la primera fase de México en el Mundial de Alemania 2006.
El primer partido fue contra Irán. México empieza perdiendo, como en el minuto 20 o algo así: ¡chingas!, cae el gol de esos weyes, no me acuerdo ni cómo fue; nos quedamos

helados. Todo pintaba como para irse a la verga, porque también en ese mismo primer tiempo Jared, máximo goleador de la selección, corre por una banda en persecución del balón y se desgarra el muslo y lo sacan. Pero Lavolpe metió al Kikín Fonseca y el cuadro se compuso. Al final el partido quedó 3 a 1, Sinha metió un gol de cabeza y Omar Bravo, que en aquel entonces era el delantero más joven, metió dos. Suspiramos aliviados. Luego tocó contra Angola, una selección que nunca ha vuelto a ir a un mundial, no tenían equipo, no tenían nivel profesional. México juega contra ellos su segundo partido para sumar seis puntos y disputarse así el liderato contra Portugal, pero empatan a cero. Empatas contra Angola, wey. Me acuerdo que en ese partido el Kikín tuvo varias al poste, también el Guille Franco. ¿No que tenías un equipo tan versátil? Jared estaba fuera, el resto no hizo nada, así que al final empatamos con una de las peores selecciones del mundo. Luego vas contra Portugal, y creo que esa selección portuguesa del 2006 ha sido una de las mejores de la historia: Cristiano Ronaldo en sus inicios, Figo, Rui Costa, Pauleta… Tenían a un contención muy bueno, Costihna; tenían a Carvalho y a Ferreira, un equipo muy completo cuyo poder se hizo sentir contra México. Ellos ya habían sumado los seis puntos iniciales y no venían a calificar, eso les valía madre. Traían al entrenador Luiz Felipe Scolari, Felipão, que en el mundial anterior había quedado campeón con Brasil, y pues ese cabrón sentó a los titulares y puso a jugar a la banca. Esa banca le ganó a México 2 a 1. Entonces una selección que lo tenía todo, venía jugando un buen futbol y corrió con la suerte de que le tocara un grupo superaccesible, no logra pasar la fase de grupos en primer lugar; pasa en segundo y le tocan los octavos de final nada menos que contra Argentina. Otra vez la sombra aciaga de perderse el quinto partido, porque México a lo que aspira siempre, en realidad, es a pasar a cuartos de final. México perdió otra vez contra sí mismo. Era un equipo *tricky*, misterioso y pendejo como los conejos. México juega siempre al nivel de sus contrincantes, ellos son su verdadero tope. Es una escuadra capaz de jugarle al tú por tú a Brasil o Alemania, pero también jugaron al tú por tú contra Angola. Luego a Argentina le dieron un partidazo en octavos de final y perdieron. Como siempre.

¿Lo odias?
¿El partido? Al contrario: creo que ahí fue donde me enamoré del futbol. México estaba dando un juegazo. Jared había vuelto a la cancha y en el primer tiempo cayó un gol a favor nuestro marcado nada menos que por Rafa Márquez. Más adelante Crespo emparejó para Argentina en algo que parecía un autogol de Jared. Messi, que por entonces tenía 19 años y ya era sensación, entró de cambio y no hizo absolutamente nada: apenas un disparo a portería en fuera de lugar. Argentina no pudo, y así nos fuimos a tiempos extras. Llegaban y tiraban, buscaban huecos, pero nada. Y de repente llega esa jugada magistral, un golpe de suerte o inspiración o como quieras llamarle: Juan Sorín mete un cambio de juego de izquierda a derecha, Maxi Rodríguez mata la pelota con el pecho en los límites del área y le mete una zurda de volea que termina en el ángulo de la portería de Oswaldo. Golazo. Al final fueron Argentina y Alemania, dos selecciones que siempre han sido el coco para México, las que jugaron esos cuartos de final.

¿Te sentiste decepcionado?
Sí. Pero ésa sigue siendo hasta la fecha mi selección favorita.

★ ★ ★

Ahora imagino que me persiguen en sueños todos los incendios que he venido propagando desde la adolescencia: las secretarias académicas que miré de reojo, una francesa pelirroja, la sexagenaria con la que me besuqueé en un autobús, las madres de mis hijos, una puta cubana, la novia de mi mejor amigo, una vecina poliomielítica, mis alumnas. Ahora imagino que cada selección es un error y cada omisión una promesa. Ahora imagino que soy la Antorcha Humana y atravieso dimensiones sin tocar las cintas de luces dibujadas sobre papel barato; no lo hago por vicio sino por amor. Ahora imagino que el futbol será la medida exacta donde verter el tiempo, la metáfora absoluta: la biblia del fin del mundo.

La selección mexicana sub-17 que ganó la final ante Brasil el 2 de octubre de 2005 nunca cumplió su promesa. Incluso Carlos Vela, miembro de esa generación y uno de los jugadores mexicanos más dotados de la historia, confesó el otro día que no le gusta el fut. Contra la opinión de la mayoría, su declaración me pareció poética.

Mi hijo y yo nos vemos de vez en cuando; ahora él vive al otro lado del país. En Semana Santa hicimos un viaje en compañía de la mujer que ahora es mi novia. Aprovechamos para comprar el álbum Panini del Mundial Rusia 2018 y dos cajas de estampas: 800 imágenes. Pasamos horas llenándolo. Tenemos a Lionel Messi repetido, pero aún no nos salen ni Cristiano Ronaldo ni Mohammed Salah.

Una noche, cuando mi hijo se había ido a dormir, la mujer que ahora es mi novia y yo nos desvelamos un rato mirando las páginas del *Rusia 2018*: otro carísimo bicho de treinta y tantas alas y cientos de caras multirraciales que terminará agonizando durante años en el clóset de alguien; una bestia eternamente sin acabar. La mujer que ahora es mi novia se sentó en mis piernas y, mientras hojeábamos el álbum, hablamos de quiénes eran los futbolistas más guapos por país. El trance duró sólo unos minutos: me sentí incómodo e incluso avergonzado, como si estuviera profanando una tumba y al mismo tiempo engañando a mi mujer. No puedes amarte dos veces en el mismo río: los materiales que toca el deseo se vuelven tierra quemada. Pensé en el Bloomsday, el sombrero de ella, la sombrilla, su mano desnuda sobre el hombro de

Eli: *Ibant obscuri sola sub nocte per umbram.* No puedo volver a tocar ese recuerdo porque no es mío. Por eso hablo de futbol, por eso ahora imagino cosas.

Shanghái Lounge

El templo de Jin'an data del año 247, pero su finca actual se construyó apenas en 1216, durante la Dinastía Song. Junto a él hay un *mall* y debajo una estación del metro. Algunas veces estuvo abandonado y en otras fue una fábrica. En 1983 recuperó su dignidad religiosa. Desde entonces da nombre al barrio que lo circunda y señorea las calles y los parques aledaños con torres tan doradas que parecen de plástico, grandes leones de piedra hechos en molde serial y un Buda en flor de loto labrado sobre quince toneladas y casi nueve metros de plata antigua. Un día por la mañana decidí entrar a ver la estatua y, cosa rara en mí, recé; no lo había hecho en décadas. Suelo ser ateo, pero la majestad de la representación me abatió sin avisar.

Me costó trabajo hincarme sobre los reclinatorios. Llevaba una semana sufriendo al caminar. Tenía las piernas y los pies hinchados. Volví a mi habitación del Skiline Hotel Departments y telefoneé a Haiyan, una de mis anfitrionas. Le rogué que me llevara al hospital Huadong, afiliado a la Universidad Fudan, que está sobre la avenida Yan'an: a seis o siete calles de mi habitación y del templo. Luego de un susto innecesario —el médico más joven quería extraerme la vesícula—, esa misma tarde se me diagnosticó, mitad en idioma wu y mitad en inglés, un padecimiento crónico no grave que en español ha de llamarse fiebre linfática y que, a bien o mal traer, seguirá torturándome el resto de la vida.

Desde el principio, mi viaje estuvo signado por el desorden y la mala fortuna. Debía abordar, en Monterrey, un vuelo el primero de septiembre de 2017, pero mi visa láser presentaba un rasponcito y no se me permitió pasar por Estados Unidos con destino a la República Popular China; tardé cinco días en conseguir otro boleto vía Vancouver. Llevaba un par de semanas en Shanghái cuando tembló en distintas zonas de México, entre ellas Tepoztlán, el pueblo donde vive el menor de mis hijos. Para mi familia fue nada más un susto, pero el 19-S resultó una tragedia nacional. Luego, a finales de mes, cuando ya me había acostumbrado a recorrer a pie y en metro cada uno de los distritos de la urbe asiática —desde los barrios obreros que conducen a Suzhou, la prestigiada Venecia China sobre cuyos tejados camina Tom Cruise con una bomba en el cerebro hacia el final de *Mission Imposible 3*, hasta la suriana y altísima pagoda de Longhua—, apareció la fiebre que me licuaba las piernas. El doctor me recetó esteroides y diez días en cama.

Es duro enfermar en un país lejano cuyo idioma y costumbres desconoces. Durante más de una semana vi por televisión partidos de la Superliga sin audio (ya para entonces el técnico del Shanghái Shenhuá había sentado en la banca por indisciplina al monstruo Carlos Tévez) y series de TV japonesas dobladas al mandarín; releí —no sé si para deprimirme o darme fuerza moral— *The Sheltering Sky*, la novela de Paul Bowles sobre un matrimonio de turistas occidentales extraviado entre la tifoidea y la locura en el Sahara de principios del siglo xx; y me alimenté de ramen instantáneo, *jerky* de cerdo, arroz frito y unos nauseabundos *snacks* de huevo cocido macerado en té verde: era todo lo que había en el Family Mart de la esquina. Pasaba las tardes espiando los edificios frente al mío sobre la Yuyuan Branch Road: uno era un conglomerado de departamentos donde los vecinos gastaban su vida lavando ropa y colgándola del balcón; el otro era una tienda de masajes cuya clientela permitía imaginar, merced a su nerviosismo, historias excitantes.

Lo primero que hice cuando me dieron de alta fue trasladarme en metro (tres estaciones al norte de Jin'an por la línea siete) al barrio de Putuó, a conocer el Templo del Buda de Jade. Llevaba quizá la intención inconsciente de cerrar el círculo de mi padecimiento. Al principio no logré entusiasmarme: muchos de los viajeros que había conocido en Shanghái, lo mismo que las notas que encontré en internet, advertían que "no era para tanto": calificaban al Buda de Jade como una pieza menor. Dudé si estaba perdiendo el tiempo, aunque de entrada me agradó que el barrio al que llegaba resultara más popular que gentrificado, con su gastronomía peligrosa, sus fruterías enigmáticas y sus peluqueros instalados en medio de la calle con nada más que unas tijeras y una vieja silla.

Qué bueno que arribé en plan cínico: así la escultura del príncipe Siddhartha me sorprendió mejor. El templo está en obras desde hace más de un año, y no estoy muy seguro de que todos los viajeros cuya opinión conocí de manera directa o virtual hayan visto *la pieza*: existen al menos otras dos esculturas de jade en el templo, una pequeña y otra de mayor tamaño. La principal no es ninguna de éstas, sino que se haya confinada en un altar discreto, diría que íntimo, incrustado casi en los aposentos de los monjes estudiantes. El Templo del Buda de Jade alberga el seminario más populoso de Shanghái y uno de los más importantes de China. Ninguna de las crónicas viajeras que he leído o escuchado menciona los cantos —semejantes a los tibetanos—: los monjes aprendices están cantando a toda hora, de modo que, al visitar la salita, estas voces místicas se escuchan como fondo. El Buda de Jade es una de las piezas más delicadas de arte oriental que conozco en persona; puedo compararla por lo menos con lo que vi hace algunos años en templos y museos de Tokio y Kioto, además de las obras de Shanghái. No es ni su tamaño ni la riqueza de sus materiales lo que conmueve, es la delicadeza y simplicidad de sus líneas, la serena expresión del rostro del Buda al despedirse del mundo. Visité la capilla al menos cuatro veces y vi llorar a cada ser mortal que estuvo ahí. Por supuesto que *sí* es para tanto: no puedes volver de Shanghái sin haber visitado el Buda de Jade.

Un par de noches después, mi hermano Jorge voló de Yokohama a visitarme. Quedamos en que pasaría a recogerlo a su hotel en Pudong y lo conduciría al otro lado del Huangpu hasta el Bund y el Peace Hotel, donde toca la banda de jazz más antigua del mundo.

Todos los enunciados del párrafo anterior requieren una explicación.

Mi hermano Jorge y yo crecimos en un pueblo del noreste de México llamado Ciudad Frontera. Pasamos la niñez en la miseria. Con los años, yo me dediqué a la literatura y él a los negocios: emigró a Japón hace dos décadas, es vicepresidente de una pequeña compañía de servicios de seguridad en Yokohama y está casado con Rie Toyofuku, una mujer japonesa con la que procreó tres hijos. Nos hemos visto pocas veces desde que somos adultos. Cuando Jorge supo que yo estaría en China durante dos meses, hizo lo posible por venir a visitarme. Sólo consiguió ausentarse del trabajo una noche; voló a Shanghái un domingo y regresó a Yokohama a la mañana siguiente.

Shanghái está partida en dos por la historia y por un río: el Huangpu. La ciudad vieja, de la que forman parte el distrito de Jin'an, People Square y la sede de los poderes institucionales, lo mismo que el barrio chino tradicional y las antiguas legaciones inglesa y francesa, se sitúa en la ribera oeste. La perla de esa orilla es el Bund: el antiguo centro histórico que concentró la vida económica en tiempos de las Guerras del Opio y que sobresale por el glamur de su arquitectura neoclásica y *art déco* traída a China por exquisitos piratas europeos.

Lo que se extiende al otro lado, en la ribera oriental del Huangpu, es la Manhattan shanghaiana: Pudong, el distrito financiero más importante de Asia, con sus gigantescos edificios inteligentes tapizados de luces y pantallas de colores a lo *Blade Runner*: el corazón del futuro de China encarnado en la torre de televisión Perla del Este, el edificio Jin Mao, el Shanghai Financial Center, la estética *cyberpunk* de los pasos peatonales elevados y otros cien inmuebles y obras de ingeniería y primores *nano-high-tech* que se extienden a lo largo de Century Avenue. Es subyugante, sobre todo de noche, el modo en que Pudong (que hasta principios de los años noventa del siglo XX no era más que un pantano) y el Bund se miran el uno al otro por encima de las aguas del río. Es como un espejo donde Asia y Europa y el pasado y el presente de la humanidad se miraran mutuamente a los ojos a través de lentillas hechas de tecnología y arquitectura. Más que una ciudad oriental, Shanghái es el producto cosmopolita de una guerra económica que China empezó perdiendo y que, al paso de cien años, logró empatar.

El Peace Hotel se localiza en el número 20 de la East Nanjing Road, a media cuadra del río Huangpu y la *promenade* desde la que miles de turistas contemplan las luces de colores sobre las fachadas de Pudong. Es un lujoso edificio *art déco* que perteneció a un banquero francés y que, desde los albores del siglo XX, alberga el legendario Old Jazz Bar, donde en su momento actuaron luminarias de la talla de Louis Armstrong y Duke Ellington. Hoy queda poco de eso: The Old Jazz Band, un conjunto de metales, batería y piano cuyos integrantes frisan los ochenta años de edad. Llevan toda la vida tocando en el mismo escenario, y en algún momento el libro de Records Guiness los acreditó como la agrupación de jazz más antigua del planeta.

El *lobby* del Peace Hotel es un pequeño milagro en decadencia. La madera labrada, los cristales biselados, los biombos y tragaluces y hasta la plata de la cuchillería en el desayunador o las manijas de cobre en los lavabos: todo es un recordatorio de una suntuosidad un poco ingenua, aunque jamás incómoda. El bar, de una vinosa oscuridad caoba, está repleto de gringos malvestidos y meseros de punta en blanco que van y vienen aprisa entre las mesas. El *maître* nos pregunta si tenemos una reservación; obviamente no. Por fortuna, en un rincón queda una mesita libre desde donde alcanzamos a atisbar apenas la inusitada torpeza de la banda y el extraordinario atuendo de la cantante que los acompaña: un vestido charlestón color azul eléctrico, un velo negro sobre los ojos, un *corsage*... Interpreta canciones que poco a poco iré conociendo como el gran legado de las divas *lounge* orientales: música popular de los años treinta y cuarenta.

Jorge y yo nos sentamos, casi ocultos, al fondo. Él ordena un whisky y yo un gin & tonic. La atmósfera es tan inconsútil que me siento de golpe traspasado por el tiempo, como si Oscar Wilde o Paul Bowles o una enfermedad desconocida y de nombre decimonónico —fiebre linfática— estuvieran a punto de trasponer la puerta. Los tragos arriban. Se escuchan las notas iniciales de "Plum Blossom", una canción de Li Xiang Lan. Mi hermano propone un brindis:

—Por los dos niños pobres de Ciudad Frontera que jamás imaginaron que la vida los traería hasta un bar de Shanghái.

No es un mal brindis. Choco mi vaso con el suyo y pienso que tal vez nunca volvamos a vernos. Afuera llueve. La noche es cálida aún, pero en un par de días descenderán sobre Shanghái los primeros vientos siberianos: el verano terminará de golpe y empezará el otoño.

Radio Desierto

Quería ser *rockstar* en un mundo donde las guitarras eléctricas eran más caras que las máquinas de escribir portátiles, así que terminé siendo escritor. Con el tiempo gané lo suficiente para comprar una Telecaster, formé un cuarteto de funklor llamado Madrastras, fui vocalista y letrista, un día me dieron un premio literario y usé la plata para financiar un álbum, lo titulamos *El diablo es un jardín,* todavía quedan cientos de copias en un armario de mi casa, para entonces tenía treinta y tantos y los chicos de la banda eran casi una década más jóvenes: me apodaban Mister Boy. Luego de marchitarnos un tiempo en bares hipster y fiestas universitarias del circuito local, en 2004 nos invitaron a una caravana: Machacado al estilo Coahuila, minigira de doce agrupaciones musicales por cinco ignotas ciudades del noreste de México: Piedras Negras, Nueva Rosita, Monclova, Torreón y Saltillo. El patrocinio provino del Instituto Coahuilense de la Juventud, las funciones serían gratuitas y al aire libre, nos pagaban los gastos pero no los honorarios, se realizaría un disco conmemorativo y un video, viajaríamos durante una semana en dos autobuses: el más decente para los grupos que incluían personal femenino y/o música tranqui y el más destartalado para las bandas masculinas de sonido crudo. Nos tocó el segundo transporte, claro.

Eran tiempos oscuros y luminosos, tiempos de *riffs* trascendentes y mal audio en monitores, tiempos de sexo duro y droga sin protección, tiempos de angustia y deterioro: por alguna razón escaseó la cocaína y me aficioné al cristal fumado en foco. Pasaba los días en trance paranoico y las tardes y las noches sin poder moverme de la cama. No recuerdo ni cómo me puse de pie un día de marzo a las seis de la mañana y acudí a las puertas del Teatro de la Ciudad y le dije al chofer, antes de trepar al camión:

—Gordo, párate un fix trailero en el camino, ándale, ¿no? Cargo una cruda que camina sola.

—¿Quieres pisto? —preguntó—. ¿O quieres fifí?

Nos fixeó cerveza y rayas a pocos kilómetros de Saltillo, en un pequeño parador hecho de adobe sobre la carretera 57 Norte, cerca de Las Imágenes. Antes del mediodía ya estábamos ebrios. Bautizamos al conductor como el Chofi del Averno, y el mote se pegó. Nos llevábamos bien con él, incluso le consecuentamos que pusiera videos porno en el sistema del bus.

Había una banda de Torreón que se llamaba Tinea Cruris (casi todo lo que narro puede ser constatado vía internet): un trío de punk. Había unos skatos llamados Estorbo, eran de Monclova y le cantaban a san Juditas Tadeo, al Tío Gamboín y a un extraño psicópata con Alzhéimer que no recordaba traer un cadáver en la cajuela del auto. En el bus bonito viajaban Yesi García y la Estafa, conjunto de cumbia norteña integrado exclusivamente por mujeres. Purcell Mil era la suma de un genio y de sus fans: como los miembros estables no pudieron viajar, todo el personal de Madrastras acompañaba a Roy Carrum, el vocalista, durante sus presentaciones. Los estelares eran Playskull, *nü metal* para las masas con todas las de rigor: un vocalista gritón y guapo y un baterista y una lira poderosos. Había otros grupos más o menos olvidables, y luego estábamos nosotros: sin género definido, sin fans y sin dinero, ni guapos ni virtuosos ni simpáticos, con un vocalista gordo y treintón y cursi y un baterista clínicamente incapaz de tocar con metrónomo. *Ah, but we had the songs, bitches*: "Huracán", un *ambient* minimalista de dos acordes y ocho minutos de duración que hacía las delicias de los entachados y pachecos, y "Venados", un funk tribal cuyos coros y percusiones permitían que los músicos de otras agrupaciones se incorporaran poco a poco hacia el final la canción. Por eso nos permitieron cerrar el último concierto.

En Piedras Negras me robaron la guitarra a media función; tuve que pedir prestada la de Roy. No recuerdo casi nada (salvo que aspiré cantidades generosas de foco en un W. C. portátil) hasta que llegamos al hotel. Ahí nos enteramos de que sólo disponíamos de una habitación doble para cada conjunto, es decir dos camas para cuatro (o a veces más) integrantes. Adalberto Montes (el baterista) y yo nos apuntamos de inmediato como compañeros de cama: intuimos el pleito que se avecinaba. Héctor García (guitarra) y Saíd Herbert (bajo) se declararon incompetentes para compartir el lecho con otro hombre; decidieron alternarse la cama un día sí y otro no, de modo que cada uno de ellos tendría que dormir algunas veces sobre la alfombra.

Era mejor que el mejor de mis sueños, porque en mis sueños yo no viajaba a los años cincuenta para moverme en caravana de autobús ni tocaba en las míseras y sagradas condiciones que ofrece un pueblo sin otra ley que el desierto, donde a duras penas se había presentado antes una banda de rock. Y era mejor que el mejor de mis sueños porque en mis sueños nunca hay drogas tan potentes.

Se sucedieron conciertos con público escaso y febril. En Nueva Rosita falló el audio. En Monclova tuvimos el mejor momento de la gira: los fans de Estorbo abarrotaron la discotec donde tocamos. En Torreón algunos chicos rentaron una habitación extra e hicieron una fila de seis o siete plazas para recibir los servicios sucesivos de una sola prostituta. También en Torreón se quebró Madrastras: la tensión entre Saíd y Héctor llegó a su límite al final del concierto, porque las habitaciones no estaban alfombradas y a Saíd le tocaría dormir sobre el suelo de mosaico y sin almohada. Guitarra y bajo se gritaron un rato sin llegar a las manos, y al final Saíd empacó su instrumento y se largó a Saltillo a medianoche, sin nosotros. Apareció al día siguiente para cumplir su compromiso con Madrastras en la Plaza de Armas, y nos acompañó —sin dirigirnos la palabra— a una última función dominical en la plaza de un pueblo llamado Arteaga. Pero fue todo: a partir de ese momento nos abandonó.

El concierto en la Plaza de Armas de Saltillo tuvo éxito moderado, aunque ya nadie lo recuerda. El público terminó subiéndose al *ground support* y usando las sillas como percusión para corear "Venados". Ésos fueron los cinco minutos de *rockstar* que el mundo me deparó. Luego, cuando nos presentamos en la plaza pública de Arteaga, sucedió lo siguiente: a la mitad de "Rifle" (un funk-punk furioso que hablaba de heroína) se fue la luz en el pueblo. Todos los instrumentos se apagaron, sólo quedó sonando la batería. Detrás del escenario había una gigantesca Coca-Cola inflable cuyo motor también se apagó: la lona de la que estaba hecha la botella botarga se desinfló y cayó sobre el cuerpo de Adalberto, quien no dejó de tocar nunca. Fue como si el icono más negro de Occidente se derritiera con amarga lentitud sobre nuestra música. Y así acabó la gira.

Ahora todo es distinto. Tengo cuarenta y siete años. Hace poco me interné en una clínica prepsiquiátrica para el tratamiento de las adicciones. Desde que me dieron de alta hago yoga y medito por la mañana, salgo a correr a la alameda, voy al gimnasio y hago pesas. Estoy sobrio. Me repito que ya no soy un niño, que yo soy responsable, que la vida es una milicia. Mantengo en cuarentena mis emociones. Procuro pasarla bien. Pero (parafraseo a José Eugenio Sánchez) nadie queda ileso después de tocar blues. Sé que el muchacho bastante haragán que cantó en Radio Desierto sigue vivo dentro de mí. De vez en cuando me despiertan sus gritos. Dice: "¡Antiguos Espíritus del Mal, transformen este cuerpo decadente en Mumm Ra, el Inmortal!".

El camino hacia Mazatlán

Cinco amigos —Gerardo, Claudia, Tachas, Luis Jorge y yo— salimos de Saltillo en una van con rumbo a Hermosillo en el verano 2001. Nuestro plan era cruzar las montañas de Chihuahua hacia Sonora; 24 horas de carretera. Antes de pasar Torreón, Luis Jorge dijo que no conocía el mar. Así que cambiamos la ruta: nos desviamos a Durango con la intención de atravesar el Espinazo del Diablo para hacer una parada relámpago en el malecón de Mazatlán. Gera condujo todo el tiempo. Nos agarró la noche en Durango, descansamos un rato y continuamos el viaje de madrugada.

Faltaba poco para el amanecer cuando llegamos al Espinazo. La niebla te cegaba a medio metro de distancia, hacía frío y las curvas y las luces de los tráileres embestían como dragones medievales. Del lado izquierdo se alzaba una pared de roca tan comprimida como un *crochet* mineral cuyos pliegues dibujaban a ratos, en claroscuro y entre el vaho, caras de risa malsana y cuerpos en disposición de tortura; un retablo perturbador y más o menos hilarante. A contramano se abrió un barranco del que emergían destellos: reflejo de faros sobre los restos metálicos de alguno de los automóviles despeñados durante décadas.

El Espinazo del Diablo, única vía terrestre de entonces para conectar a Mazatlán con el noreste del país, era en la mente de mi generación y en la de generaciones anteriores de mexicanos un animal mitológico que se alimentaba de traileros y autobuses, pero que durante el día compensaba sus crímenes ofreciendo paisajes extáticos. Eso esperábamos ver y la experiencia no nos defraudó, aunque nos vino de otro lado: cuando empezaron a filtrarse los primeros atisbos de aurora entre las bocanadas de bruma, un convoy nos rebasó; eran los bártulos de un circo. La última plataforma nos desperezó: en un tráiler abierto de doble extensión viajaban a través de la Sierra Madre Occidental tres o cuatro elefantes dormidos. Me sentí por un instante, no sé si en un golpe de lucidez o en un sueño, montado en una de las bestias que cruzaron los Alpes al mando del comandante Aníbal Barca en el año 218 a. C. Luego la imagen se disipó y el sol clareó sobre nosotros, que descendíamos ya rumbo a la costa.

Nos instalamos en una cantina de la avenida Olas Altas. Gerardo rentó un cuarto y se metió a descansar. Luis Jorge pasó dos o tres horas sentado en la arena, sin apenas haberse mojado los pies, llorando y contemplando la marea. Después de esta experiencia ejemplar, seguimos el peregrinaje rumbo al norte hasta Hermosillo, en los desiertos de Sonora.

Ahora es noviembre de 2018 y el camino a Mazatlán, que recorro a 80 kilómetros por hora en compañía del videasta Sebatián Rico y el fotógrafo Germán Siller, es muy distinto: para empezar es caro y está lleno de horadaciones y milagrería tecnócrata. La nueva carretera de cuota Durango-Mazatlán fue inaugurada por el presidente Felipe Calderón cuando ya nadie le hacía caso: a finales de noviembre de 2012, durante los últimos días de su mandato. Costó 25,000 millones de pesos y generó en su momento mil empleos directos y más de dos mil indirectos. Consta de 63 túneles y 115 puentes, entre estos últimos la joya de la corona: el Baluarte, un puente atirantado que empezó a funcionar hasta finales de 2013 y que hasta el 2016 era el de mayor distancia de caída en el mundo. Dicen que el edificio Empire State cabría debajo de él. El Baluarte es una obra de ingeniería tan fantástica que constituye por sí solo un atractivo turístico menor. Los habitantes de sus inmediaciones se las han ingeniado para establecer cerca de él un mirador con comedores para viajeros.

Como todas las cosas en México, la autopista Durango-Mazatlán tiene sus asegunes: no pasó un día del régimen de Enrique Peña Nieto en que no estuviera en reparación, y año con año es cerrada total o parcialmente debido a deslaves, fracturas en túneles o daños en los puentes —incluido el Baluarte—. Es posible que los materiales con los que se ejecutó la obra no estuvieran a la altura de la calidad del proyecto. Sin embargo, el impacto social y económico es ya perceptible: un recorrido que antes tomaba entre cinco y seis horas a través de 327 kilómetros de peliagudas curvas y barrancos se realiza ahora en tres horas y 256 kilómetros sobre una pista de 16 metros de ancho en promedio. En los últimos cuatro años, Mazatlán experimentó un *boom* turístico y comercial sin precedentes. Es esto lo que he venido a investigar, junto con las implicaciones que el corredor económico del norte (un proyecto carretero que se extiende desde el puerto sinaloense hasta el Valle de Texas) podría tener en el trasiego de drogas y el lavado de dinero. También estoy viajando a Mazatlán en busca de mis demonios.

La última vez que recorrí esta vía fue el Bloomsday de 2015: martes 16 de junio. Recuerdo haber entrado al túnel El Sinaloense cantando con mi hijo Leonardo, entonces de seis años, una canción de The Beatles que sonaba en el estéreo: "It's All Too Much". Volvíamos de la playa y yo pensé: podría quedarme a vivir en este momento para siempre. No sabía que estábamos viajando al corazón de las tinieblas. Ya para entonces mi consumo de alcohol era constante, pero en los dos años siguientes se recrudeció. Perdí a mi familia, mi casa, el auto en cuyo estéreo escuchábamos a The Beatles, las ganas de despertar por las mañanas. Terminé solo, transido de fiebre linfática en un hotel de Shanghái. Cuando regresé a México, tenía las piernas tan hinchadas que no podía levantarme de la cama y bajar un piso para abrirle la puerta al díler. Me quebré. Dentro de unos días cumpliré seis meses sin consumir alcohol ni drogas. Vengo a contemplar, desde mi precaria sobriedad, el modo en que se emborrachan otros —después de todo, el puerto tiene la fama de ser una cantina gigantesca—. Y a investigar por qué no pude quedarme a vivir en un instante de felicidad junto a mi hijo. Y a releer un texto de David Foster Wallace, "Una cosa supuestamente divertida que nunca volveré a hacer", la crónica de un crucero marítimo escrita por un alcohólico rehabilitado; lo traigo en la mochila. Vengo a Mazatlán a tratar de entender qué me pasó.

Germán quiere fotografiar el Baluarte desde el mirador con un dron, pero los ángulos de la puesta de sol no le favorecen. Avanzamos en el auto y, aunque está prohibido —hay que torcer las reglas: nosotros también somos mexicanos—, nos detenemos a la mitad del mastodonte de metal y de concreto, junto a la placa que marca el límite entre los estados de Durango y Sinaloa. Es una gozadera ver a Germán pilotear su avioncito con asistencia satelital mientras a nuestro lado pasan a moderada velocidad los transportes de carga que zarandean el Baluarte como si fuera una tarima de baile escolar. Da un poquito de miedo, pero rico. Me asomo por la baranda: abajo, a más de 400 metros de caída libre, se escucha correr el río Baluarte. Digo se escucha, porque la distancia no permite ver el movimiento del agua. Me estiro y toco uno de los pantagruélicos cabezales de acero que rematan los tirantes. Hace tres años no pude ni mirar hacia abajo del puente colgante de Ojuela, en Mapimí, cuya altura es de apenas 95 metros. Ése es uno de los múltiples efectos secundarios de la sobriedad: me curó el vértigo. Germán termina de hacer fotos y retomamos el trayecto. Cuando llegamos al pie del océano, ya es de noche.

Por la mañana, al salir a correr al malecón, me encuentro con la sorpresa de que la Avenida del Mar —el paseo escénico construido en tiempos de Díaz Ordaz que conecta la zona dorada con el centro histórico y es uno de los principales atractivos del puerto— está cerrada al tránsito vehicular por remodelación. Me imagino que será un golpe durísimo para restauranteros, conductores de pulmonías y muchos otros oficios de la industria. "Así es —me dirá después Gaspar Pruneda, director y copropietario de Las Flores, el hotel donde me hospedo—, pero uno aguanta porque sabe que era algo necesario". Un taxista rapero opinará, en cambio: "Llevan así todo el año los culeros, con tal de clavarse una feria. Que shinguen a su madre".

Otra cosa que noto mientras corro por el malecón es que abunda la infraestructura turística en desarrollo: por lo menos cuatro grandes edificios se construyen en un espacio de tres kilómetros, además de remodelaciones, ampliaciones, trabajitos y mejoras en decenas de inmuebles. Se me ocurre lo mismo que se le ocurriría a cualquier otro norteño malquistado y pueblerino habituado a las estratagemas financieras del narco: ¿no estarán lavando dinero?

Salimos en el auto y buscamos vías alternas al centro histórico. Terminamos perdidos en el barrio de Las Quince Letras, frente a la chula iglesia color blanco y aqua —una combinación que veré mucho en estos días— de Cristo Rey. Pasa un plomero y, luego de contarnos todas las reparaciones que ha hecho esta mañana, nos da indicaciones para llegar a nuestro destino. Eso me cae bien de los sinaloenses: no los tienes que entrevistar, solitos te cuentan su vida y milagros.

Parqueamos cerca del mercado y caminamos hasta la Plaza de la República, junto a la alcaldía y la catedral de estilo gótico morisco donde comienza el recorrido del centro histórico remodelado con una pizca de fantasía Walt Disney para beneplácito del turismo extranjero. Hacemos la parada obligatoria en los raspados de Isaías, un carretón con 53 años de historia. Pido uno de nanchi. Qué decepción: azúcar con hielo. Tengo con qué compararlo, porque hace poco estuve en Chicago y pedí lo mismo en un puesto de la Calle 26, uno de los principales barrios mexicanos; lo que me sirvieron tenía sabor a infancia y era un legítimo manjar del Pacífico mexicano. Lo menciono porque *estoy* en el Pacífico mexicano, y la experiencia con Isaías me hace dudar de qué es la tradición y qué la globalización. Tal vez ése debería ser el tema de mi viaje.

Doblamos rumbo a la Plaza Machado, principal reducto turístico del paseo: está rodeada de restoranes, caserones recién pintados y vendimia. Hoy llegaron dos cruceros: el Carnival Splendor y el Baby Princess. Mañana llegará un tercero del doble de dimensiones: el Norwegian. Los viajeros, anglosajones todos ellos, pasean entre las callejuelas o almuerzan en terrazas; tienen apenas unas horas para adquirir el perfume cultural de la ciudad. Aunque no se les considera turistas sino "visitantes", el público de los cruceros es importante no sólo por su moderada derrama económica, sino porque mantiene la buena imagen y promoción del destino. De ahí que en 2011 haya cundido la alarma cuando la totalidad de las empresas de este ramo cancelaron su arribo por causa de la violencia en Sinaloa. Tomó una ardua gestión política del gobernador Mario López Valdez que las compañías aceptaran regresar a principios de 2014. Éste es sólo uno de los muchos desaguisados que la iniciativa privada local ha vivido: a diferencia de Los Cabos o Acapulco, cuya vida turística tiene múltiples apoyos y recursos, la de Mazatlán es una industria focalizada y, hasta antes de la construcción de la autopista, era marcadamente estacional —verano para el turismo nacional, invierno para el extranjero—. La mala nota de los cruceros cancelados afectó el flujo de este último.

El establecimiento de la Plaza Machado que más llama mi atención y la de otros viandantes es un café que oferta tequila curado con serpientes. Hay falsos coralillos y también cascabeles degolladas —para extraerles el veneno—. ¿No será *too much*? Dudo que la carne de víbora sea un buen aditivo para el aguardiente. ¿No hubiera sido mejor, si se trataba de lucir nuestra barbarie, vender mezcal con jumiles de la sierra de Guerrero, que según mi recuerdo es delicioso?

El centro histórico de Mazatlán es un proyecto que data de mediados de los setenta. Su primer promotor fue Antonio Haas Espinosa de los Monteros, escritor y periodista, amigo de Carlos Monsiváis, y un personaje que ostenta entre los locales el título nobiliario *kitsch* de "El primer mazatleco graduado en Harvard". Haas creó una sociedad para salvaguardar el teatro Ángela Peralta, tan abandonado en esa época que tenía un árbol en el centro del escenario. Tras este rescate, Haas integró el patronato del centro histórico con apoyos privados, estatales y municipales. En alguna ocasión, mi amigo Gaspar Pruneda afirmó:

—El hallazgo del plus turístico de Mazatlán no salió de los hoteleros sino de los intelectuales.

La opinión me sorprendió viniendo de un empresario. Sin embargo, como me explicaría luego Arturo Santamaría (periodista y sociólogo, autor de varios libros sobre la historia del turismo en la ciudad y de una obra excepcional: *De carnaval, reinas y narco*, colección de crónicas que a ritmo de música de banda intenta desentrañar las intrincadas relaciones entre la cultura popular, la ilegalidad y la belleza femenina que han situado a Sinaloa en el imaginario mexicano), lo dicho por Gaspar no representa a su gremio.

—Al principio, los hoteleros rechazaban el proyecto. Estimaban que afectaría sus negocios, sobre todo en el ámbito gastronómico. Se trataba de una pugna entre dos élites, porque Haas descendía de agricultores poderosos. Fue tanta la oposición inicial al centro histórico que hasta Enrique Vega, cronista de la ciudad, desconfiaba de él. Ahora es distinto, claro, y qué bueno que fue un éxito.

La preocupación inicial de los hoteleros tiene que ver con algo que el propio Santamaría estudia en alguno de sus libros, y es la integración vertical de los servicios turísticos. Wikipedia la describe como "un estilo de propiedad y control [donde] las compañías [...] están unidas por una jerarquía y comparten un mismo dueño. Generalmente, los miembros de esta jerarquía desarrollan tareas diferentes que se combinan para satisfacer una necesidad común". El problema de la integración vertical de los servicios al tiempo libre no atañe exclusivamente a Mazatlán: es un fenómeno característico de nuestro tiempo. Si el turismo se originó (al menos en su cabal sentido moderno) como una consecuencia de la Revolución industrial, no es extraño que su espíritu esté en crisis. Basta notar dos de sus extremos: la propensión de un grupo de viajeros por nuevos destinos artesanales (como lo fueron alguna vez Chacahua y otras playas oaxaqueñas), que conserven el sabor de lo desintegrado y auténtico, y, en contrapartida, el turista que prefiere alojarse en un hotel como Pueblo Bonito At Emerald Bay de Ernesto Coppel, donde, más que hospedado en Mazatlán, uno se siente en una versión Infonavit de las islas del Mediterráneo. He aquí un dilema colateral al de tradición/globalización: diversidad *versus* integración.

Una condición del centro histórico es la abundancia de propiedades cuya fachada se encuentra en buen estado pero que están vacías o incluso carecen de techo: parecen casi contravenir el desarrollo en infraestructura que vi esta mañana sobre el malecón. Hay un antiguo hospital militar, la finca donde estuvo la primera imprenta local, un caserón de fachada celeste que ostenta una placa con una cita de D. H. Lawrence que compara a Mazatlán con las islas de los Mares del Sur: todos ellos vacíos, huecos. El sentimiento de que el centro histórico es una hechura artificial, más política que pragmática, es compartido por algunos habitantes de la zona, por ejemplo don Jesús, cuya familia sostiene desde hace más de cincuenta años un taller de enderezado y pintura a media cuadra de la avenida Olas Altas:

—No te dejan remodelar la casa y tampoco te ayudan con recursos. Esta vez nos dieron para la pintura, pero es raro que lo hagan; nomás te dicen cuáles son los colores permitidos. Quién sabe qué harán con el dinero, porque a nosotros nomás nos ponen reglas y no nos informan ni nos dan nada.

Sin embargo, el vacío de estas fincas maquilladas alberga un valor intangible: la convicción de que el arte y la cultura son aspectos inherentes a la vida del puerto. Un rasgo poco desarrollado en Acapulco y casi inexistente en Los Cabos, Puerto Vallarta o Cancún, por mencionar otros destinos de gran turismo mexicanos. Por eso Mazatlán cuenta con un Festival Nacional de Teatro, un Festival Artístico Internacional que se celebra justo en estas fechas —entre finales de octubre y principios de noviembre—, una espléndida compañía de danza contemporánea —Delfos, fundada en 1992 y dirigida por los coreógrafos y bailarines Víctor Manuel Ruiz y Claudia Lavista— y varios museos, centros culturales y librerías. No sé hasta qué punto la idea de convertir a Mazatlán en una suerte de San Miguel de Allende con sol y playa tenga impacto en el turismo internacional (mi impresión es que poco), pero sin duda ha tenido un efecto benéfico para la población local, contribuyendo por ejemplo a abatir los índices de criminalidad, que hasta hace unos años fueron significativamente altos y que en la actualidad están muy lejos del desastre que se vive en Acapulco. Tal vez la consecuencia indirecta sea el desarrollo condominal, que es algo a lo que parecen apostar los nuevos constructores. Hay por aquí una cierta *Pax Narcótica* pese a la proximidad del Triángulo Dorado de los estupefacientes, que abarca la región de la Sierra Madre Occidental comprendida entre las ciudades de Culiacán, Durango y Chihuahua.

A las dos de la tarde nos reunimos con Juan José Rodríguez, novelista y conocedor de la historia local, en el Centro Cultural Universitario, del que es director. Se trata de un edificio que antaño albergó la prepa Rosales y se localiza subiendo por una cuesta del Cerro de Casamata en el barrio de Las Calaveras, cerca de la casa donde nació Pedro Infante, de la Asociación Portuaria Integral (API) y de la cervecería Pacífico. El recinto exhibe en forma temporal una importante colección de Antonio López Sáenz, el pintor mazatleco por antonomasia.

La charla con Juanjo y con su amigo Luis Antonio Martínez Peña, historiador, es fluida y más o menos insustancial. Hablamos sobre inmigración europea, música de banda y beisbol. Como en la mayoría de las sociedades migrantes de finales del XIX, la impronta de los empresarios extranjeros en el puerto está cubierta por un barniz dorado: se ensalza su influjo en actividades productivas como la pesca y la fabricación de cerveza, en el arte a través de la importación de instrumentos de viento desde Europa, en la arquitectura y los hábitos gastronómicos... Se magnifica la huella cultural de un grupo que, después de todo, ni siquiera fue jamás tan numeroso, y se menciona poco, por ejemplo, a la comunidad cantonesa o la simpatía de los alemanes locales por el nazismo. Don Porfirio puede haber fracasado en su pretensión de "mejorar la raza mexicana" importando gente rubia, pero el fuego de su imaginación sigue vivo.

Un orgullo chovinista más justificado es la música de banda —"que ahorita es más representativa de México que el mariachi", afirma Juanjo no sin temeridad—: un estilo musical que consolidó don Cruz Lizárraga con El Recodo y que no sólo le ha dado la vuelta al mundo, sino que creó un tipo de *junior* norteño: el *buchón*, bebedor de Buchanan's que viste vaquero, conduce una troca, tiene muchas mujeres, consume perico, es bravo como él sólo pero al mismo tiempo tiene cursi, cursi el corazón.

Conversamos finalmente sobre la Liga de Beisbol del Pacífico, que es muy buena pero no ofrece posibilidades de desarrollo deportivo porque, como explica Juanjo, "es de exhibición: a ella vienen a jugar los peloteros de ligas mayores cuando están de vacaciones, por eso no hay mucho trabajo formativo y de fuerzas básicas". El deporte sirve de pretexto para abordar la rivalidad entre Culiacán y el puerto, las dos ciudades más densamente pobladas de Sinaloa. Aunque la pugna entre Tomateros y Venados explica en parte esta tensión, su origen es más profundo y abarca esferas políticas, económicas y culturales. Mazatlán resiente el hecho de no ser capital pese a ser más cosmopolita, pero lo cierto es que esto se debe a una cuestión histórica de seguridad nacional: desde la segunda mitad del siglo XIX, un edicto juarista prohibió que las aduanas y los puertos fueran capitales provinciales debido a la fuerte presencia de una burguesía extranjera, enemiga del poder centralizador y "preglobalizadora", por llamarla de algún modo. Este fenómeno se repite en binomios norteños regionales como Chihuahua/Ciudad Juárez o Saltillo/Torreón, y ha tenido el efecto histórico de crear contrapesos de oposición que en ocasiones tienen arrastre nacional, como fue el caso del movimiento encabezado por el sinaloense Manuel Clouthier en 1988. En el Sinaloa contemporáneo, estos contrapesos acaban de vivir resonantes victorias: primero, en 2016, fue electo gobernador del estado (aunque desde las filas del PRI) un mazatleco, cosa inédita: Quirino Ordaz Coppel. Después, en las elecciones intermedias de este 2018, los restos del viejo clouthierismo emancipado del PAN y reconstituido dentro de Morena barrieron con la mayor parte de las alcaldías, incluida por supuesto la de aquí. Este nuevo escenario político forma parte de la esperanza y la visión que tienen los empresarios hoteleros (y muchos otros actores, entre ellos los intelectuales) para el desarrollo económico de su ciudad a mediano plazo, pues a pesar de las diferencias partidistas cuentan, por primera vez en la historia, con aliados en los niveles municipal, estatal y federal de la administración pública.

Intento llevar la plática hacia temas menos complacientes, como el narcomenudeo y el lavado de dinero, pero Juanjo me ataja:

—No, eso no hay aquí. Narcomenudeo sí, en la Ciudad Perdida, pero lavado, no. Eso lo ves en Culiacán, ahí sí anda todo mundo con sus Lincoln y sus BMW. Aquí no porque es muy chico, se notaría. Y ya hay muchos controles.

Mis colegas no parecen cómodos hablando del tema. De pronto recuerdo que estoy en un recinto universitario, y la

UNISON ha sido repetidamente señalada por actos de corrupción y por sus vínculos con los poderes fácticos; incluso el periodista Arturo Santamaría denunció en 2012 al exrector y al exalcalde de Culiacán Héctor Melesio Cuén Ojeda por amenazas contra su vida. Recuerdo que Rodríguez aceptó verme como amigo, no en su calidad de especialista o funcionario, y dejo en paz el asunto.

* * *

A sugerencia de Juanjo, Sebastián y Germán y yo decidimos comer en La Puntilla, cerca de la API, rumbo al Faro de Navegación Marítima. Pasamos en el auto junto a la cervecería Pacífico y le pido a Germán que se detenga. Desciendo y me interno a pie entre las calles de la Ciudad Perdida.

La colonia Gabriel Leyva fue fundada a lo largo del siglo XX mediante ocupaciones de terrenos aledaños al mar. Los habitantes fueron llenando con escombro huecos de las playas a donde solían ir de pesca, hasta paulatinamente dar origen a un barrio que se asemeja un poco al de La Perla en San Juan Puerto Rico (aunque es menos bonito y está muy deteriorado), y que con frecuencia es comparado por la prensa con las favelas brasileñas. Corre entre las avenidas Gabriel Leyva y Emilio Barragán: este último de sus límites es vecino de la Cuarta Zona Naval. Los oriundos del puerto conocen a la Gabriel Leyva como CP o la Ciudad Perdida, por sus intrincadas callejuelas sin salida y sus calles bloqueadas con muebles o troncos. También porque es la sede del narcomenudeo en Mazatlán, y la fama es que en sus inmediaciones se consigue la mejor cocaína de México.

("Ya no tanto —me confesó un informante anónimo durante mi recorrido—; es que el punto lo controla ahora El Chapito, y con él bajó la calidad.")

Deambulo algunas cuadras sin que nadie me detenga, pero por supuesto el barrio sabe siempre quién eres:

—No le dé por ahí, don. Esa calle no tiene salida.

Los puntos de venta son varios, incluso sobre la avenida Gabriel Leyva. La principal casa de distribución tiene los cristales pintados de negro y antes solía ser un picadero, pero lo cerraron como parte de la negociación con la policía municipal. Ahora sólo se utiliza como almacén. Lo llaman el Big Brother. La policía sabe desde hace años lo que sucede aquí (carajo, lo sabe hasta un turista recién rehabilitado como yo), pero no entran a la colonia, y si alguna vez lo hacen, primero avisan, o al menos eso es lo que me dirá Fermín, el mesero al que entrevistaré un poco más adelante. Lo que sí hace la policía municipal (alguna vez, en mi otra vida, me tocó) es apostarse entre las calles adyacentes a la CP para detener a los compradores de droga y extorsionarlos.

Regreso al auto y nos enfilamos a La Puntilla, situada frente a un pequeño embarcadero de naves turísticas donde la flor y nata de la infancia costeña se entrena en el noble arte de la natación, los clavados y la bulla dickensiana. Los precios del restaurant son tan razonables que ordenamos con holgura: ostiones en su concha, filetes, ceviches y callo. Los mazatlecos presumen ser los inventores de lo que en México llamamos "comida estilo Baja", y un poco es verdad. Después de todo, la vocación original del puerto es la pesca, primero industrial y después deportiva. Hubo una época, me contará más tarde Arturo Santamaría, en que el camarón era considerado por la burguesía local como un insumo alimentario despreciable, propio de las clases subalternas. Ahora, claro, es el platillo de elección en cualquier restaurant que se respete.

Mazatlán ha contado con al menos dos afamados chefs populares en su historia: el Mamucas y el Cuchupetas. El Mamucas se formó en las cocinas de los barcos pesqueros de los sesenta, puso después un restaurant en el puerto y cobró fama nacional en los setenta gracias a Raúl Velasco y el programa de televisión *Siempre en Domingo*. Cuchupetas tiene su establecimiento en el cercano pueblo de Villa Unión y se hizo célebre por haber cocinado en una fiesta de cumpleaños del expresidente Carlos Salinas de Gortari. Su especialidad son los langostinos a las brasas con el aliño secreto de la casa.

Mientras nos atienden en La Puntilla, Germán decide aprovechar la hermosa luz del atardecer para realizar algunas fotos del embarcadero y de los grandes cruceros turísticos, que a esta hora se marchan. Yo sigo hablando con Sebastián, enfebrecido, acerca de la Ciudad Perdida. Nuestro mesero (por su seguridad personal, no puedo escribir su nombre; lo llamaré Fermín) se interesa:

—Yo vivo en la Gabriel —dice.

—¿Cómo anda el agua? —le pregunto—. ¿Muy cabrón?

Lo dije antes: a los sinaloenses no hace falta entrevistarlos, basta que les prestes el micrófono.

—El otro día agarraron a un plebe, el Lenguas, creo que le dicen, o el Lengua-sabe-qué. Un vecino lo grabó en su celular robándose unas llantas, n'hombre, dejó el mueble parado en unos bloques. Y la señora del carro juntó a sus amigas y lo persiguieron para darle una chinga. Salió corriendo y se escondió allá por el Big Brother, en una casa, y hasta de allá quería sacarlo la manada. Fue ahí por donde vivo. Llegaron tres batos en una troca. Se bajaron dos con rifles, otro se quedó manejando y en el radio. También venía una patrulla, pero cuando vio a éstos mejor se devolvió. "Nomás una", dijo el pelao que se quedó en la troca. Los de los rifles calmaron a la perrada, subieron y sacaron al plebe. El Lenguas, creo que es. Le dieron una verguiza y lo tiraron desde arriba sobre la casa de Emilio. Luego bajaron y le mocharon una mano. Nomás una. Había vecinos grabando con celulares, pero les advirtieron que no fueran a subir nada al YouTube. También dijeron antes de irse, para que no nos preocupáramos: "No le hablen a la ambulancia, ya le hablamos nosotros".

Queríamos ir a los bares para hacer algunas fotos de la vida nocturna, pero después de tantas historias estamos exhaustos. Decidimos posponer el plan hasta el jueves. Llegamos al hotel Las Flores con apenas tiempo de meternos diez minutos a la piscina: la cierran a las ocho de la noche, sin excusa ni excepción.

★ ★ ★

El primer Gaspar Pruneda llegó a Mazatlán proveniente de la Ciudad de México como distribuidor de latas de películas de las compañías MGM y Universal. Eran los años cincuenta y el puerto aún no despertaba a las mieles del turismo. Eran tiempos sin hoteles, cuando la pesca industrial era practicada por grandes empacadoras de camarón (luego éstas serían expropiadas para convertirse en cooperativas, dejando a la iniciativa privada la explotación del atún) y la pesca deportiva congregaba a las primeras figuras del *jet set* que pisaron el puerto: John Wayne y Gina Lollobrigida contarían entre los visitantes de ese porte. Sergio, el hijo de don Gaspar, estudió arquitectura y se instaló en el puerto como uno de los principales constructores del despertar turístico verticalmente integrado, en los años setenta. Diseñó la Avenida del Mar y el hotel Las Flores, del que sería copropietario junto a Guillermo Heinpel, su cuñado e inversionista de la flota pesquera Estrella. El hotel ha vivido las verdes y las maduras y es administrado desde finales de los noventa por Gaspar Pruneda, hijo de don Sergio y esposo de la poeta Ana Belén López, un matrimonio que es en gran medida responsable de mi amistad y cercanía con el puerto.

—Yo en la Ciudad de México tenía una empresa de sistemas computacionales; qué trabajo de eso iba a encontrar aquí cuando llegamos. Veníamos huyendo de la violencia capitalina, con mi hija mayor chiquita, y a los pocos días de instalados asesinaron a tiros a un cristiano a las puertas de la casa. Por poco y nos regresábamos.

Las Flores, como muchos otros hoteles locales, es una empresa familiar. Eso distingue a Mazatlán de otros destinos de gran turismo mexicano: aunque han llegado franquicias internacionales, una importante presencia del empresariado autóctono se mantiene. Quizá las dos figuras más notables de este sesgo sean la de don Julio Berdegué, fundador del complejo turístico El Cid, en la zona dorada, y la de Ernesto Coppel, quien desarrolló el proyecto Pueblo Bonito, actualmente instalado también en Los Cabos. Estos dos empresarios son la bisagra entre el turismo tradicional y la integración vertical del ramo dentro de la economía mazatleca. Berdegué, ya fallecido, fue también una pieza clave para definir el carácter político de los empresarios: su herencia republicana —llegó de España siendo niño en uno de los buques aceptados por Lázaro Cárdenas— le provocaba cierta simpatía por la izquierda, lo que demostró apoyando la campaña contra el desafuero de Andrés Manuel López Obrador en 2004. Esta herencia se ha mantenido viva en años recientes, y junto a la militancia de Tatiana Clouthier en Morena fue determinante para el apoyo que el sector brindó al propio López Obrador en la campaña de 2018 que lo llevó finalmente a la presidencia de la República.

Para Gaspar, una de las circunstancias que estancaron el desarrollo de Mazatlán en el pasado fue la falta de apoyo de Fonatur, la empresa paraestatal responsable de fomentar y desarrollar destinos como Los Cabos, Ixtapa y Cancún.

—No puedes competir con la maquinaria estatal, por más promociones que ofrezcas. Aquí se contaba un chiste, entre los del gremio: "Hay que regalarle un terreno a un presidente, para que le guste Mazatlán y nos traiga a Fonatur". Eso es, en parte, lo que sucedió en Los Cabos. Y así como muchos acapulqueños emigraron a Cancún para establecer el *know how* de la hotelería, muchos mazatlecos se fueron a Baja California para implementar el mismo método. Ahí perdimos parte de nuestra fuerza laboral.

Las crisis económicas, aunadas a recientes años de violencia, convirtieron a Mazatlán en un destino comprimido.

Por eso la apertura de la autopista a Durango ha significado un impacto económico tan importante.

—La estacionalidad turística explotó —explica Gaspar—: pasamos de tener dos temporadas altas (la de verano y la de invierno) a ser una playa de ocupación constante de fin de semana para ciudades como Torreón y Durango. La dramática reducción en el tiempo de traslado disparó la demanda de cuartos en los últimos tres años. Por eso ves tanto desarrollo económico.

—¿No crees que esto haya abierto también opciones para el lavado de dinero?

—Por supuesto. Como en todos lados: en el país y en el extranjero. Yo no podría decirte dónde se está lavando dinero, pero no dudo de esa posibilidad. Hay muchos candados, pero también muchas artimañas. A estas alturas es difícil saber cuál es el dinero bueno y cuál el malo. Incluso es difícil para nosotros, los empresarios.

Un par de horas más tarde converso con Arturo Santamaría, de quien había escuchado muchas cosas buenas. Nuestra simpatía es inmediata: me recuerda a los viejos militantes sindicalistas del acero que me formaron en la adolescencia. Arturo me cuenta que es chilango y llegó a Sinaloa con un afán extensionista, como miembro de una liga militante que buscaba organizar a los agricultores en torno al trabajo de masas.

—Aquí conocí a los muchachos más bravos y locos que me podía imaginar. Todos queríamos cambiar el país, con las armas si era necesario. Me han dicho que ahora algunos de mis antiguos compañeros se sumaron a las filas del narco. Luego sucedió algo que cambió mi perspectiva: Humberto Rice, político opositor, perdió por fraude la alcaldía y convocó a una marcha ciudadana. El evento me impresionó: me convencí de que la ruta electoral, la defensa del voto, era capaz de convocar a más mexicanos que la revolución que propugnábamos. Desde entonces me dedico al periodismo y la academia.

No puedo evitar preguntarle a él, que ha sufrido amenazas en un par de ocasiones por encarar a los poderes fácticos desde sus columnas, qué opina sobre el lavado de dinero en la ciudad. En vez de contestarme, Arturo me da una sencilla y amorosa lección de periodismo *one-on-one*:

—¿Por qué no le preguntas a la gente cuáles son los edificios nuevos que más le llaman la atención? Y luego ves qué compañías constructoras están detrás de esos edificios. Y al final, qué circunstancias fiscales, económicas y políticas rodean a esas compañías. Eso es lo que haría yo.

Nos despedimos aprisa porque tengo una cita para fotografiar Pueblo Bonito At Emerald Bay, el hotel *all inclusive* donde me hospedé en 2015 con mi exmujer y mi hijo. Tomamos la avenida Camarón Sábalo rumbo a la zona hotelera, el Nuevo Mazatlán. Hay gran cantidad de condominios y hoteles pero la avenida en sí, cosa curiosa, luce desierta: prácticamente no hay tráfico. Me pregunto dónde están los turistas de Halloween que, se supone, deberían estar abarrotando la playa.

Alguien me contó que Ernesto Coppel, empresario célebre por su habilidad para invertir, su escandaloso gusto en materia de decoración y su afición por las cirugías plásticas, tenía en su casa una reproducción de la Victoria de Samotracia a la que le mandó poner una cabeza. No sé si esto sea cierto, pero merecería serlo de acuerdo con su gusto: su hotel en Emerald Bay es de un *kitsch* suntuoso que incluye animales disecados en el bar, falsas ruinas griegas esparcidas en los paseos, tres grandes albercas con bar, varios restoranes de cocina internacional, tienditas de masajes y clases de pintura en cerámica. No sé bien cómo conseguí matar el aburrimiento durante la semana que me hospedé aquí hace años, entre el falso lujo y el wanabismo internacional. O más bien sí lo sé: estaba tan borracho a toda hora que ni siquiera era consciente de mi propio sentimiento del gusto. Pueblo Bonito es hipnótico en su vocación por evitarle al huésped el menor esfuerzo no solamente físico, sino incluso mental. Ésa debe ser la clave de su éxito. Eso y la buena calidad de los insumos: recuerdo el *brunch* dominical como uno de los mejores almuerzos de mi vida.

* * *

Sigo los consejos de Arturo Santamaría y descubro por mi cuenta que la construcción reciente más mencionada por los mazatlecos de a pie —cantineros, animadores, taxistas, músicos callejeros— es la Torre eMe. Fue construida por el Grupo Arhe, propiedad de los hermanos Juan José y Erik Arellano Hernández, e inaugurada en diciembre de 2016 con la presencia de Margarita Zavala de Calderón. Más adelante me encuentro en internet una nota de *El Economista* del 6 de marzo de 2017 que informa que la Comisión Nacional Bancaria y de Valores había bloqueado las cuentas del Grupo Arhe en dos ocasiones (2015 y 2016), a petición de la Unidad de inteligencia Financiera de la Secretaría de Hacienda y Crédito Público, que investigaba a la empresa (cuyas principales inversiones están en Mazatlán) en busca de prácticas relacionadas con el lavado de dinero. Al parecer no se encontraron irregularidades y las cuentas fueron liberadas.

Quiero ir a verla de cerca.

—Está a mediación de la Avenida del Mar, muy cerca de los monos bichis —me explica Gaspar Pruneda. Los monos bichis (desnudos) es como el mazatleco llama a una escultura urbana pomposamente bautizada por las autoridades como *El monumento al pescador*—. Si vas a andar por ahí, ve a cenar a El Muchacho Alegre. Pregunta por Piti Bernal, dile que vas de mi parte.

Rodeamos por atrás el malecón y llegamos a la altura de la torre. En la calle perpendicular nos topamos una fiesta en la marisquería El Toro: es cumpleaños de la dueña y una banda sinaloense callejera (los músicos ni siquiera traen uniforme, pero ni falta que les hace) toca los mejores vientos que me deparará este viaje. Uno de los comensales se levanta a cantar, pedísimo, una canción que no se sabe. Todavía queda esto en Mazatlán por encima del narco y la conectividad y los contrapesos políticos: la pura vida, la fiesta, el corazón risueño de un puerto al que la cercanía del mar y las montañas convirtieron por décadas en una suerte de isla.

Caminamos hasta el bulevar en obras y por fin la topamos. La torre eMe, un edificio de elegante diseño minimalista que dibuja una letra M a la distancia (se ve desde el otro lado de la bahía) y, por si hubiera duda, ostenta otra M pintada de rojo en su frontis. El inmueble permanece vacío, aunque anuncia con una manta lateral su próxima ocupación. Oficialmente, la letra que la construcción de cristal, cemento y acero dibuja es un homenaje a la inicial de Mazatlán. Pero lo que a mí me ha dicho la viperina lengua de los costeños —es lo que tienen los sinaloenses: no necesitas entrevistarlos, hablan hasta por los codos—, lo que a mí me dijeron los meseros, los conductores de pulmonías, los plomeros y demás gente de barrio, es que la forma del edificio es, para ellos al menos, otra cosa: la inicial de otro nombre. Un monumento urbano en homenaje a Ismael "el Mayo" Zambada.

Recorremos el malecón hasta El Muchacho Alegre, uno de los restoranes más populares de la ciudad. Está medio vacío, seguramente por el decaimiento turístico que las obras de la Avenida del Mar provocan en la zona. Hasta la banda está callada. De todos modos nos reciben como reyes y nos obsequian el mejor banquete de Mazatlán: ceviches y una mariscada a las brasas. Está atardeciendo de nuevo sobre el Océano Pacífico. La banda toca por fin: previsiblemente, inician con "El sinaloense". Hay sólo tres o cuatro mesas ocupadas. Todos beben cerveza. Yo no puedo. Me doy cuenta de que otra vez estoy cansadísimo, no podré cumplir mi promesa de acompañar a Germán y Sebastián al Bora Bora o al Joe's Oyster Bar, que es donde se calienta el ambiente por las noches. Ésta es mi realidad ahora: soy un hombre derrotado por la intensidad de su propia euforia, una puta arrepentida que ya no tiene humor para asistir de noche a los bares.

Miro la banda, las viandas, el atardecer sobre las olas, la calle cerrada y llena de retroexcavadoras... Se me ocurre que la verdadera vocación turística de Mazatlán no es la de "sol y playa y centro histórico", sino algo más fácil de comercializar aunque también menos profundo: una suerte de *food court* de la mente, un paquete que ofrece inanimismo *all inclusive* para los hastiados, fiesta toda la noche y drogas excepcionales para los fanáticos de los antros, piscinas eternas para los niños, turismo-*flaneur*-relax para los vagamente interesados en el patrimonio cultural y arquitectónico, jolgorio de banda para los exasperados, inversiones auspiciosas para el dinero bueno, escondites *in plain sight* para el dinero malo. Mazatlán nunca tendrá el glamur que alguna vez tuvo Acapulco, pero es el destino turístico mexicano del futuro: un lugar donde podemos estar todos juntos y, a la vez, perfectamente divorciados, disociados los unos de los otros e incluso de nosotros mismos. Pero eso sí, con una buena parrillada de mariscos sobre la mesa.

Ñoquis con entraña

Nunca salí de nada.

Enrique Lihn

Qué opinas de Talca, pregunta Iván, Me recuerda a Tepic,
digo por decir cualquier cosa, aunque de verdad me recuerda a Tepic, debe ser la cazuela mariscal que ordené en el
almuerzo o la conversación que tuvimos en el tren acerca
de la emoción ideológica o el hecho de que yo no he visto
Talca, parece mentira pero el conductor del Uber —vamos
en un auto casi viejo con sillita de bebé en el asiento trasero— lleva a todo volumen la crónica deportiva radial y los
comentaristas discuten indignados las lesiones en la selección
chilena y me siento de golpe tan triste —la empatía utópica
que me une a Chile siempre acaba poniéndome triste— que
apenas tengo carácter para mirar por la ventana justo cuando
bordeamos un largo muro de cemento, tal vez el límite de los
terrenos ferroviarios, y es entonces cuando Iván lo pregunta
y yo respondo Tepic porque sí, por el sabor de los mariscos,
mientras las calles húmedas bochornosas de enero tejen una
vaga destilación de mar en las zonas pudendas, qué feraz este
viaje, una semana de verano a principios del invierno.

Hay mucho desorden vial, bordeamos un embotellamien-
to, Disculpa, dice mi anfitrión, es que están pavimentando el
camino al campus, No es eso, lo corrige el chofer, pasa que en
esta calle vive la que mataron, Ah, dice Iván, no lo sabía, yo
me pongo inquieto porque "vive la que mataron" me suena a
cuento de terror, Iván se vuelve hacia mí —voy en el asiento

trasero— y agrega El lunes encontraron un cadáver flotando en el Río Claro, Era una lola, interrumpe el conductor, 18 años, acaban de entregar el cuerpo, lo dieron en la radio, Ah, digo yo mientras retomamos la avenida principal en obras y, luego de un martirizante tramo de terracería, llegamos por fin a la Universidad de Talca en cuyo centro de idiomas se realizará el congreso académico "Pensar el presente: crítica y creación en las narrativas latinoamericanas recientes", mi intervención está programada para mañana, es la quinta ocasión que visito Chile y la primera vez que viajo fuera de Santiago, A qué vai a Talca, se burlaron mis amigos cuando nos reunimos a cenar en el Liguria de Pedro de Valdivia, es un pueblo fome, lo único que hay es vino y un invento gil al que llaman pollo mariscal, Eso y huasos, añadió alguien más, y yo ¿Qué es un huaso?, Es como un charro pero decadente, No, más bien parece campesino ibérico, dijo otro, y yo Es que me invitó un profesor mexicano que vive allá, no sé si lo conocen, es que Iván le va a Tigres, me recibió en el aeropuerto con la sudadera de nuestro equipo puesta, yo también llevaba una, dos sudaderas de Tigres tan al sur del continente, la U la U la U, el futbol es sagrado y no pude decir no, ¿A qué mierda vai a Talca, po?, repitieron mis amigos llorando de risa.

Pronto sabré que vine a Talca a recolectar la historia de Aylin.

La conferencia inaugural está a cargo de Betina Keizman, habla de vidas potenciales en la literatura reciente, de "un diálogo fundamental entre los modos de denuncia, la configuración de lo corporal y las respuestas imaginativas con las que el arte se aproxima a lo viviente", de *Fruta podrida* de Lina Meruane y *La comemadre* de Roque Larraquy y *Un año sin primavera* de Marcelo Cohen, habla también de un ensayo de Tamara Kamenszain contra la autoficción producida por todos esos escritores inanimados y bobos cuyas obras versan sobre sus propias vidas y sus lecturas y su asistencia a congresos, al terminar la charla hay otra mesa, Macarena Cortés estudia cuentos lesbianos escritos en Chile, una de las historias analizadas va de sado, gracias a eso me entero de que existe una línea de la sociología feminista que considera indeseables las prácticas sadomasoquistas en el ámbito del erotismo lesbiano, me escandaliza un poco que las ciencias sociales se metan a la cama de las gentes a dar sermones sobre el uso consensuado de los cuerpos pero no digo nada, entre otras razones porque no soy académico, yo aquí vengo nomás en calidad de —diría Jakobson acerca de Nabokov— elefante invitado a la clase de zoología, luego viene un ensayo del jovencísimo Ignacio Pastén sobre *La comemadre*, es un comentario inteligente y sin embargo logra que el libro de Larraquy parezca una novela de tesis del Imperio austrohúngaro o un subproducto de la cultura destinado a ser *sparring* de la dialéctica de Hegel, a la hora de las preguntas y respuestas manifiesto mi inquietud e Ignacio responde: Yo, como afirmaba Nietzsche, he aprendido más filosofía en Dostoievski que en cualquier filósofo, Carajo, pienso pero ya no lo externo, por eso me cae tan mal ese Friedrich, ha devastado más mentes juveniles que Paulo Coelho y Carlos Cuauhtémoc Sánchez juntos.

Luego de un café volvemos a la sala para la presentación de los libros de la editorial Imbunche, me explica Macarena Cortés que la palabrita designa a un monstruo mitológico mapudungun que custodia una caverna, un ser que camina apoyándose en una sola pierna y las dos manos y tiene la otra pierna pegada a la nuca y no habla porque tiene zurcidos los labios, es una especie de Igor para los brujos de Chiloé, la editorial es pequeña, su lanzamiento estrella es la reedición de dos libros de Ana María del Río publicados originalmente en los noventa, un relato neocostubrista-psicológico-a-lo-Donoso-de-familia-chilena (*Óxido de Carmen*) y una novela erótica titulada *Siete días*, en la novela una mujer adulta de clase media alta se coge con locura a un joven pobre, se lo coge durante varios capítulos de prosa espléndida, en un posterior corrillo de congresistas me informan que el libro se volvió políticamente incorrecto en estos tiempos porque trata de explotación sexual de las clases subalternas, qué ganas de confesar a las académicas presentes que reivindico esa conducta particular en mi calidad de exjoven de las clases subalternas que fue dichosamente explotado sexualmente por señoras que me cogieron hasta dejarme exhausto, seco como un hueso de mango, abusivas burguesas cuarentonas que me enseñaron a los 17 casi todo lo benévolo que sé, pero no, mejor me callo, hace años aprendí por la mala que mi experiencia personal no es la del mundo y además nadie me ha preguntado mi opinión, el relato cambió, yo aquí no soy más que un elefante invitado a la clase de zoología, recuérdalo, Julián, acéptalo.

Por la noche vamos a un restaurant, nuestra anfitriona es Claire Mercier, una profesora francesa chilenizada con un sentido del humor exquisito, imaginamos el marco teórico para una tesis de doctorado sobre las etapas estéticas de Shakira, el mesero me ofrece vino de la región y digo que no y él me mira como si lo hubiese ofendido, me muestra la carta de mala gana, ordeno el platillo con el nombre más vistoso, ñoquis con entraña, el mesero se aleja y un minuto después vuelve apesadumbrado, Ya no quedan ñoquis con entraña, dice, yo pienso que es la frase más bonita que escuché el día de hoy, la versión gastronómica de un *ubi sunt* cósmico, *Ya no quedan ñoquis con entraña*, como quien lamenta la desaparición de un héroe legendario, o como quien lamenta aliviado la desaparición de lo malsano que alguna vez lo hizo feliz.

* * *

Aylin Fuentes Álvarez nació el 15 de octubre del año 2000 en la población Las Américas, área conurbada al norte de Talca, ciudad capital de la Región del Maule, en la zona central de

Chile.[1] Era hija de Patricia Álvarez, auxiliar de aseo, y de José Fuentes, albañil. Era la menor de ocho hermanos y medios hermanos. Su padre es la segunda pareja de su madre. Poco antes de que la niña cumpliera cinco años, el 18 de mayo de 2005, su media hermana mayor, Luisa del Carmen González, de 24 años, murió en condiciones poco claras tras una discusión con su pareja. Las autoridades dictaminaron muerte accidental. Las declaraciones a la prensa hechas por la familia afirman que se trató de un feminicidio. No he podido localizar una descripción detallada del suceso.

Aylin cursó la educación básica en el Lyon's School, un colegio particular subvencionado por el gobierno que está en el cruce de las calles 9 Sur y 5 Oriente (en Talca las calles se identifican por número y no por nombre), cerca del Parque Costanera. Abandonó los estudios en el quinto grado, luego de que le fuera diagnosticado un trastorno por déficit de atención. Conozco una foto suya de esa época: lleva una blusa sin mangas y a rayas horizontales de varios colores. Está en lo que parece ser un bote de navegación o una habitación forrada de madera. Al fondo hay un buró y una ventana redonda que deja entrar una curiosa medialuna de luz blanca que parece reverberar. Al lado derecho, hay una ventana rectangular que da a un río —tal vez el Claro—; se distingue un bosque en la ribera opuesta. Detrás de Aylin hay otra niña que mira absorta el agua. Aylin, en cambio, contempla la cámara con ojos intensos. Tiene cejas pobladas y una media sonrisa. La parte inferior de su rostro está en el sol y su frente en la sombra.

La apodaban la Negra. Cuenta su mamá que durmieron en la misma cama hasta que la niña cumplió 12 años; era su

---

[1] Aunque utilicé diversas fuentes para escribir este perfil, mi deuda mayor es con la crónica "Una mujer flotando en un río" de Carolina Rojas, un envidiable trabajo periodístico. Está aquí: https://www.eldesconcierto.cl/2019/01/31/una-mujer-flotando-en-un-rio-aylin-fuentes-la-memoria-de-la-sicologa-que-no-pudo-ser/

preferida, su compañera de la edad madura (nació cuando Patricia tenía 42), por eso le resultaba tan difícil ponerle límites. La Negra tenía un carácter fuerte ("era bien parada en la hilacha", dice su hermana Carolina, 14 años mayor) y también era alegre, fiestera y platicadora. Carolina piensa que fue a los 16 cuando Aylin empezó a fumar pasta base o piedra, como hacen muchas otras jóvenes de Las Américas.

De acuerdo con un reporte sobre barrios críticos de narcotráfico publicado en diciembre de 2018 por Atisba, oficina de urbanismo independiente en Chile, Las Américas 1 y 2 son las áreas más problemáticas de Talca en este rubro, con 79 delitos en una población de 8 mil habitantes y 2,800 viviendas "en tipología de bloque que enfrentan espacios comunes o sitios eriazos, que suman 22.258 m^2 con un índice de 5 m^2 de eriazos por habitante, lo que es muy alto", concluye el informe.[2]

En una nota del 29 de mayo de 2017,[3] el periódico *El Centro* da cuenta de una escaramuza a tiros entre dos bandas rivales de narcomenudistas por el control del barrio norte de Talca. Los principales implicados son Pamela Loyola, quien usaba como soldados a sus dos hijos (uno de ellos menor de edad) y a su yerno, y Gabriel Gutiérrez, el Morocho, por el bando contrario. La Operación Hermandad de la PDI logró, mediante escuchas telefónicas, desmantelar ambos grupos pero no sin que resultara herido en el proceso uno de los carabineros. "El mejor pistolero es el que dispara primero", dice uno de los sicarios de Pamela en una de las grabaciones telefónicas exhibidas como pruebas ante el Ministerio Público.

Éste es el contexto social en el que Aylin se inició en el consumo de drogas.

---

[2] http://www.atisba.cl/wp-content/uploads/2018/12/Reporte-Atisba-Monitor-Barrios-Criticos-Regiones_Informe.pdf

[3] http://www.diarioelcentro.cl/noticias/policial/fiscalia-revelo-como-operaba-la-primera-banda-de-narcos-dxsxxxesbaratada-en-el-barrio-norte-de-talca

Entre los 14 y los 17, la Negra se le perdió a su familia al menos en cinco ocasiones; así lo establecen otras tantas denuncias por presunta desgracia que su madre presentó ante las autoridades durante ese periodo. No es obtuso conjeturar que las escapadas se relacionaron con el abuso de sustancias. Luego, en septiembre de 2018, la joven aceptó internarse en el Centro Integral de Rehabilitación Gamma, ubicado en la 3 Oriente, entre la 5 y la 4 Norte (la 4 es la alameda del pueblo), muy cerca del Teatro Regional del Maule y a espaldas del hotel Diego de Almagro, en el centro de Talca. Según su portal web, el Gamma ofrece tratamiento de internación y ambulatorio, al igual que grupos de cuidados continuos y ayuda mutua en el marco del proyecto PRADA: terapia grupal, prevención de recaídas, análisis de orina y test de alcoholemia, así como sesiones de doce pasos NA y AA. Durante su periodo de internamiento, de septiembre a noviembre de 2018, Aylin realizó un curso de peluquería y barbería y retomó sus estudios de educación básica. En una de las cartas que envió a su madre, dice que quiere ser psicóloga. Al cumplir la mayoría de edad fue dada de alta y regresó a casa. Su tratamiento ambulatorio incluyó la prohibición de teléfonos celulares para evitar que se pusiera en contacto con antiguas amistades del ámbito del consumo.

La familia organizó una comida el 24 de diciembre de 2018. Hay una foto —no sé si es de ese día o de una fecha anterior— donde la Negra aparece flanqueada por un hombre y una mujer mayores (asumo que se trata de sus padres); ambos la besan simultáneamente en las mejillas mientras ella sonríe. Esa Nochebuena hubo relajo de sobrinos e intercambio de regalos, a Aylin le tocó un perfume de parte de su mamá, a medianoche asistieron en grupo al cementerio Parque Las Rosas a visitar la tumba de Luisa —una caminata de diez minutos—, luego volvieron a casa. Cerca de las cuatro de la madrugada, Aylin quiso salir a carretear en compañía de su amiga Coté y de otros chicos del barrio. La madre no estaba contenta con la idea, pero no se atrevió a denegar el permiso. Puesto que Aylin tenía prohibido el uso de teléfonos celulares, permaneció ilocalizable en cuanto salió de casa. Algunos días después, Carolina se enteraría de que su hermana visitó a unos primos el 25 de diciembre al mediodía; pidió prestado el baño para cambiarse de ropa. Un testigo no identificado afirma haberla visto después, esa misma tarde, en las inmediaciones de Los Quinchos, un popular balneario. Esto fue lo último que la familia supo de ella hasta el martes 8 de enero.

★ ★ ★

El jueves logro zafarme un rato del congreso, salgo a correr por la 4 Norte —una larga alameda que se extiende frente al hotel Diego de Almagro y desemboca en la ribera del río Claro—, estoy alegre porque por fin he retomado mi rutina tras varios días de viaje en autobuses y trenes y aviones desde el norte de México hasta el centro de Chile, qué complicado es trasladarse ahora que mi proyecto de vida dejó de ser portátil, cada día despierto a las 5 a. m., tiendo la cama incluso en los hoteles, leo una hora, yoga, meditación, seis kilómetros de *jogging*, 45 minutos de pesas si es posible, termino exhausto a las 10 de la mañana, todo con tal de saludar a la gente o escribir o comer sin tener que atravesarme media botella de vodka en la garganta apenas abro los ojos, lo que sea con tal de mantenerme sobrio un día más, antes de medianoche voy a estar hecho un guiñapo, no sé cómo será la rehabilitación para una adolescente del barrio norte de Talca, cuánto dolor hará falta para que alguien como Aylin arroje la toalla y pida socorro, yo soy un viejo y para mí los ocho meses que llevo limpio han sido un bello paraíso hecho de mierda, la gente dice que debes ser valiente para soltarte y nadar a la otra orilla pero la gente no sabe nunca lo que dice, no es un relato de valor sino de misterio, lo que hace uno es suicidarse por dentro minuto tras minuto, prenderse fuego hasta quedar hecho cenizas, *reprogramación* lo llaman los psicoterapeutas existenciales y los expertos en neurociencia, yo lo llamo redúcete a cenizas, aprende a llevar a toda hora el fantasma de un picahielo clavado en el diafragma, guárdame este fierrito, acepta el perfume de las cerezas que están en la basura, termino de correr y entro a una frutería y compro un kilo de cerezas, mi fruta preferida, en Chile las cerezas cuestan la cuarta parte que en México, siempre que pienso en ellas pienso en Abbas Kiarostami, su película me aburrió pero al final me dejó una cicatriz sentimental hecha de frágiles relámpagos, así funciona a veces la belleza, la poesía es una prenda incómoda, de regreso al hotel Diego de Almagro doy un rodeo hacia el norte para pasar a un costado del centro Gamma donde Aylin Fuentes estuvo internada, el muro está hecho de block crudo y láminas oxidadas, se alcanza a ver un gran patio y una cancha de básquet allá adentro, me recuerda la clínica prepsiquiátrica donde hace poco viví tres meses, rodeo la manzana y vuelvo al hotel, subo a mi habitación, abro el ejemplar de la revista *Medio Rural* que me obsequiaron anoche y leo un poema de Francisco Ide Wolleter (1989):

Seppuku (última carta)

Me quedan unos cuantos dedos
y algo de dinero ganado limpiamente.

Un sudaca hijo de puta
me pegó una puñalada en el costado
y ahora hay un tigre muerto para siempre
en mi piel que era una estepa.

Lloro cada tarde
los plátanos orientales.
No tengo nada en este país de mierda.

No te espero.
Voy al puerto, al mar.

El sol de la mañana arde en el reverso de mis párpados /
légamo de vísceras vegetales.

La infancia está repleta de cirujanos:
diseccionan las alas de un coleóptero
o despojan a un gato de su piel como una fruta.

Todo lo que estaba unido acaba por separarse.

Enjambre de sismos a esta hora.

Vuelvo a la familia verdadera.

Me gustan los poemas de Ide, percibo en ellos una tensión
narrativa pop y un gusto por la secuencia que me son afines,
estoy a punto de escribir eso en Twitter y me detengo, Algo
no cuadra, Julián, éste es el chico del que te hablaron tus amigos hace dos días en el Liguria, es tierra quemada, te van a
caer a palos (es lo primero que pienso porque soy un egoísta
de mierda, no soy la clase de persona para quien la compasión brota de un manantial, tengo que salir de mí a rastrearla
con una vara de zahorí), estábamos bebiendo, ellos cerveza y
yo Coca-Cola light, pedí sugerencias de nuevos poetas (amo
la poesía chilena, siempre estoy buscando más) y alguien lo
mencionó, Francisco Ide es bacán dijo, sólo que está en el os-
tracismo, ¿Por qué? quise saber, Le cayó un *me too* repuso alguien más, éramos cuatro hombres en la mesa, me pregunto
si la frase hubiera salido tan espontánea de habernos acom-
pañado una mujer, en cualquier caso me pareció muy ex-
presiva, "Le cayó un *me too*", como si esas cosas crecieran en
los árboles y de pronto le cayeran a uno en el regazo como
una fruta emponzoñada, la poesía es una cereza incómoda, a

Francisco Ide lo acusó de violación Manola Pérez en Facebook a finales de octubre de 2017, el relato de ella establece que, en el Año Nuevo de 2016, ambos —él es escritor y talabartero, ella es graduada de la Diego Portales, editora y vendedora de libros— fueron a la playa por separado, coincidieron en una fiesta con amigos, hubo mucho trago y discusión, la mayoría de los asistentes se fue a dormir, Francisco y Manola siguieron conversando un rato a solas, luego ella se quedó dormida, la despertó el hecho de que estaba siendo abusada sexualmente, reconoció a Francisco, Manola se defendió en cuanto tuvo conciencia, por mucho tiempo no se atrevió a hablar del asunto, en parte —explica— por sentimiento de culpa, después el movimiento global #MeToo le dio valor para hacer pública su experiencia en redes sociales, nunca tuvo la intención de hacer una denuncia formal porque, como agrega en uno de sus *post*,

> No quiero pasar por el nivel de tensión como el que se pasa cuando se denuncia un abuso. No tengo ni tiempo ni energía para someterme a algo así. Todos sabemos que esos procesos judiciales lo que hacen es poner en duda el testimonio de las víctimas. Por más pruebas que se puedan tener, es más importante mantener el estado de inocencia de alguien.

Paso la mañana chismeando en internet y pronto descubro que el caso generó un pequeño sisma en el ámbito literario chileno, Francisco canceló su participación en una mesa de la Feria Internacional del Libro de Santiago, una editorial rescindió la contratación de una de sus obras, Marcela Fuentealba salió en defensa del escritor con el poco afortunado argumento de que "no era un abusador a tiempo completo" (esto de acuerdo a lo escrito a posteriori por Javiera Tapia),[4] la

---

[4] "Soy un(a) egoísta de mierda": http://esmifiestamag.com/soy-una-egoista-de-mierda/

escritora María José Viera Gallo publicó en la revista *Sábado* un artículo ("¿Es moral pedirle un autógrafo a Woody Allen?") donde habla de la separación entre la obra y la vida privada de los creadores, nunca menciona a Ide pero el medio literario chileno entendió la alusión, los debates en persona y en las redes sociales se recrudecieron, Javiera Tapia reviró: "¿Qué significa separar al autor de su obra en términos prácticos? ¿En lo cotidiano? Significa seguir pagando por su trabajo, significa seguir validándolo en el ámbito de lo público", Roberto Merino hizo hirientes observaciones anti-Manola del tipo "Un rasgo difundido entre inquisidores y comisarios *amateur* es la mediocridad", algunas entradas en redes hablan de un sesgo clasista y no sólo machista en la defensa del poeta, yo por mi parte noto una fisura generacional, pensadoras anglosajonas y latinoamericanas de entre 50 y 60 años han expresado su preocupación de que se tiña de odio un discurso revolucionario tradicionalmente no violento, la respuesta pragmática de otro sector del feminismo es señalar que en la mayoría de los casos las acusaciones de violencia y abuso sexual recogen múltiples testimonios, mi postura al respecto es irrelevante pero subrayo por vocación periodística que el disenso generacional entre feministas está ahí, casi al final leo los viejos estados del Facebook de Manola Pérez y no puedo sino simpatizar con ella (no es que yo no tenga ropa sucia, al contrario, soy un inmoralista y al mismo tiempo un puritano de clóset, alguien que quisiera convertir toda transgresión en un evento místico o por lo menos mitológico, los puritanos de clóset vivimos en perpetua condición de impureza), parte de lo que aprecio en ella es una cuestión de estilo, la vaga veta de humor triste y desesperanzado que percibo en sus estados de octubre a diciembre de 2017, y sobre todo las tres líneas con las que dijo adiós al cuento tras ser minimizada por el *establishment* cultural chileno:

chao con el tema. aquí nadie se las anda dando de santo libre de pecado, qué chucha ese tejado de vidrio, pero puta que les duele que alguien quiera contar una hueá con la que ustedes no están de acuerdo.

Dice Wallace Stevens que las verdaderas elecciones son las que uno hace entre dos cosas que no se excluyen, le creo a Manola aunque me guste la escritura de Ide, la poesía es una fruta incómoda, tengo que aceptar el perfume de cerezas que viene de la basura, por la tarde vuelvo a la Universidad de Talca y hablo de crítica y creación en una mesa con Alejandra Costamagna y me siento un poco zombi, luego vamos a cenar, antes de las diez estoy hecho un guiñapo, no tengo más aspiraciones que dormir y estar triste, a quién se le ocurre meterse donde no lo llaman sólo por haber leído un buen poema, para qué narrar un escándalo cultural que nos dejará incómodos a todos pero ni modo, soy un inmoralista y un puritano de clóset, esto es lo que me tocó durante las pasadas 24 horas, así es como se juega este Nintendo, tienes que prenderle fuego a tu vida para pasar al mundo que viene.

★ ★ ★

La encontró un caballo. El dueño del animal lo cuenta así:[5]
—Lo que yo divisé es que estaba con los pies y las manos hacia atrás. Y encogida. Como que… la amarraron así, le trataron de juntar lo más que pudieron los pies y las manos. Como para que no tuviera ni un movimiento, nada.
—¿Cómo la encontraste, Rodrigo?
El entrevistado se llama Rodrigo Méndez.
—No, pues… realmente mal, ya casi en descomposición y… se nota que ya es mucho tiempo.
—¿Fuiste a buscar al caballo?

---

[5] El diálogo que transcribo proviene de un video posteado en la cuenta de Twitter del periodista Jaime Morales Amaya: https://twitter.com/ MoralesAmaya/status/1082660537559932929

—Sí. Y el caballo también se ha asustado, lo mismo, pues ya por el olor y todo eso.

—¿Llamaste a…?

—A carabineros. Era… lo más complejo, la forma como la amarraron y todo. Porque no había visto yo nunca una… En realidad nunca había visto una persona muerta, pero amarrada de esa forma tampoco. No…

—No fue gente normal.

—No. Un tipo de persona ya con un… No me imagino a un tipo de persona así.

Rodrigo es robusto, usa barba pero no bigote, lleva una gorra azul y una camisa naranja con vivos blancos. Al principio no entendí por qué me recordaba a Fred Ward. Luego me vino a la mente *Short Cuts*, la película de Robert Altman basada en relatos de Carver donde Ward interpreta al marido pescador que aparece en "Tanta agua tan cerca de casa".

El cuento original de Raymond Carver es narrado por Claire. El esposo de Claire salió un fin de semana de pesca a las montañas en compañía de unos amigos. Parquearon la troca en un descampado y caminaron ocho kilómetros hasta la corriente de agua. Cuando llegaron era casi de noche. Se instalaron, bebieron cerveza, jugaron cartas. Luego uno de ellos se paró a orinar y encontró a una joven atada, desnuda, semihundida en el agua. Muerta. Estaba oscuro, no había manera de reportar el suceso sin arriesgarse a sufrir un percance yendo hasta la camioneta, decidieron esperar al amanecer. Ya que estaban ahí, decidieron también practicar la pesca durante un rato de la madrugada. Junto al cuerpo. Es esto lo que dispara la repugnancia de Claire cuando su esposo vuelve a la ciudad y el crimen se hace público: la sensación de estar casada con alguien capaz de practicar la pesca recreativa junto al cadáver de una muchacha. Más tarde en el relato, mientras ambos viajan en auto luego de comprar cerveza, Claire narra:

cruzamos Everson Creek y entramos en los terrenos de recreo. El arroyo pasa bajo el puente y va a dar a un gran embalse unos centenares de metros más allá. Veo en él a los hombres. Veo cómo pescan.

Tanta agua y tan cerca de casa.

Pregunto:

—¿Por qué tuvieron que ir tan lejos?

Esta misma pregunta me acechará durante los próximos meses, mientras intente recolectar a distancia la historia de Aylin Fuentes Álvarez desde mi casa en una ciudad del noreste de México. ¿Por qué contar la historia de una joven con problemas de adicción asesinada en una pequeña ciudad de Chile, cuando en mi país hay feminicidios a diario y el narco tiene traumatizada a la sociedad y la respuesta de las instituciones responsables de la seguridad y la justicia en México está por debajo de los estándares chilenos? ¿Por qué tuviste que ir tan lejos para por fin hacerte cargo de una desgracia como ésta, *hypocrite auteur*, habiendo tanta agua tan cerca de casa? En esto, como en casi todo lo que escribo, me acojo a los decretos del azar y la obsesión: yo no elegí el caos vial que me obligó a voltear a ver a Aylin, lo que no pude hacer después de verla fue apartar la mirada. Muchas de las historias que uno cuenta tienen eso: no son sensatas ni políticamente correctas ni reivindican a nadie ni cumplen una cuota ni te hacen buena persona; te toman por las tripas y ya.

También sucede que los relatos de feminicidio en México resultan de tan difícil acceso porque carecen de desenlace jurídico —y por lo tanto narrativo: suelen ser carpetas abiertas a perpetuidad—. Una segunda capa de la desgracia (esto lo entendió muy bien Truman Capote en *Ataúdes tallados a mano*) es la falta de coherencia retórica a la que nos condena la impunidad. La mayoría de las historias de violencia contra las mujeres son una suerte de *nouveau roman* de la crueldad: las protagonistas han muerto o prefieren el anonimato por temor a represalias, los antagonistas permanecen (permanecemos) estratégicamente mudos, los hechos son descritos a través de una rendija de vergüenza y piedad, el relato es obsesivo porque se circunscribe a un instante sin cierre, es casi puro detonante; un *nouveau roman* misógino y policial.

Pasadas las 8 a. m. del lunes 7 de enero de 2019, la noticia se publicó en la prensa chilena: durante la madrugada, el cadáver de una mujer de aproximadamente 30 años —así se informó en un inicio— había aparecido a diez metros de la ribera oriente del río Claro. Los restos, que flotaban en la corriente a la altura de las calles 14 Norte y Circunvalación, fueron denunciados ante carabineros por un trabajador de una planta de áridos. Se supo que el cuerpo presentaba lesiones en la cabeza, lo mismo que signos que permitieron a los forenses estimar la muerte en un margen de diez días atrás. El fiscal Ángel Ávila, especialista en delitos violentos, se apersonó en el lugar de los hechos y estableció que había indicios suficientes para inferir la participación de terceros. La fiscal Gabriela Vargas dispuso que fuera la Brigada de Homicidios de la Policía de Investigaciones y no el Grupo de Operaciones Policiales Especiales de los carabineros la que estuviera a cargo de las diligencias. El cuerpo fue trasladado al Servicio Médico Legal.

En esos días, Patricia Álvarez soñó con una serpiente gigantesca que se despedazaba. Por eso presintió, cuando la televisión dio la noticia del hallazgo en el río, que podría tratarse de Aylin. El martes se presentó en la cuarta comisaría y preguntó.

La tuvieron esperando largo rato.

A las dos de la tarde lo supo:

—Señora Patricia. Sí: la niña que encontraron es su hija.[6]

---

[6] La frase textual proviene de la crónica de Carolina Rojas.

* * *

El viernes por la mañana me despido del congreso, José Tomás
Labarthe viene al hotel y hacemos una entrevista para *Medio
Rural*, ¿Cuál es tu equipo de futbol en Chile?, pregunta para
romper el hielo, le informo que no tengo preferencia, sale del
lobby al auto, abre y cierra la cajuela y regresa con una camise-
ta de Colo Colo, No es para ti, me explica, es para Leo, nunca
antes nadie me sobornó con una remera para mi hijo, todo se
ha consumado, éstas son mis nupcias con un nuevo luto —a
mí en Chile muchas cosas me resultan funerarias, risueñas
y funerarias—, el casi preternatural luto de Colo Colo, José
Tomás adereza el obsequio con la historia de David Arellano,
quien fundó el equipo en 1925 y murió de peritonitis a los 26
tras recibir un golpe en el estómago mientras disputaba un
balón aéreo en una cancha española, entramos al restaurante
del hotel Diego de Almagro y pedimos un Barros Jarpa y un
Barros Luco, no me he enterado aún pero justo a esta hora
marchan por las calles del centro de Talca los familiares de
Aylin y un colectivo feminista, protestan por el asesinato,
demandan celeridad en las investigaciones, han pasado cuatro
días desde el hallazgo y en esta pequeña capital del Maule ya
hay movilizaciones, es parte de la herencia que dejó la dictadura, los chilenos tienen un estrecho umbral de indignación,
somos sociedades muy distintas, en México desaparecen 43
estudiantes y cinco años después han encarcelado apenas a un
alcalde y la información continúa siendo confusa, en Chile
un policía asesina a Camilo Catrillanca en noviembre y para
enero ya aparecieron los videos que registran el evento (aunque se supone que habían sido destruidos porque mostraban
escenas íntimas de uno de los representantes del orden), hay
consignados, fue destituido el director general de los carabineros y un sector ciudadano continúa, insatisfecho, pidiendo
la renuncia del ministro del interior, somos sociedades con
una muy distinta educación sentimental, las desapariciones y

torturas pinochetistas tienen un tremendo peso histórico en Chile y Latinoamérica mientras que la guerra del narco todavía es justificada o condonada por un sector de la población de México aunque la segunda haya costado cientos de miles de vidas más que la primera, en Chile todo se vuelve luto, México en cambio es un cementerio, favor de no confundir el luto con el cementerio, José Tomás y yo nos sentamos a hablar de poetas, de poesía chilena que es uno de mis temas favoritos, pasamos sin advertencia a la anécdota de Alejandro Jodorowsky cuando salvó con psicomagia a una novia suicida de Enrique Lihn haciéndole cruzar simbólicamente un puente sobre el río Mapocho, Sólo tengo mi cuerpo para pagar por esta Nueva Vida, dicen las malas lenguas que dijo ella, cogieron durante horas mientras Lihn aporreaba la puerta del departamento, cuando Jodorowsky quiso darse a la fuga Lihn lo esperaba dormido y borracho con las piernas atravesadas en el pasillo para impedir la escapatoria, hubo gran drama, los cabros perdieron la amistad durante años (¿y ella?, nadie me ha vuelto a hablar de ella) hasta que se reencontraron en Italia, Lihn aparece nuevamente borracho y tendido, esta vez sobre un puente veneciano (mira cómo regresa el agua, el puente —¿es un puente, una puerta, un pasillo?—, el lecho provisional), Alejandro tendió su mano y Enrique se levantó y ambos se abrazaron como si nada hubiera ocurrido, la psicomagia es así, un universo paralelo donde los machos se reconcilian en Venecia y las mujeres desaparecen inexplicablemente del relato tras cruzar el río Mapocho del sexo, como si la depresión, como si el cuerpo femenino carecieran de densidad narrativa, luego José Tomás menciona la espléndida biografía de Rodrigo Lira escrita por Careaga y hablamos sobre la fuga geográfica de Lira a Rosario, Argentina, justo por la época en que le diagnosticaron trastorno *borderline*, hablamos de su romance calcinante y desahuciado con una bonaerense llamada —el inconsciente está expuesto— Norma, hablamos de la posterior aparición de Rodrigo en un programa televisivo de aficionados donde recitó a Shakespeare, hablamos de la tristeza elemental del suicidio y del sentimiento del ridículo como un perpetuo estado de misticismo bonzo, el tema desemboca poco a poco en otros autores, quién sabe cómo llegamos a la disposición tipográfica del verso en *Louis XIV* de Paulo de Jolly, esa curiosa textura como de gobelino del siglo XVII que se deshilacha conforme se vuelve discurso y que a mí me recuerda un poco al *Carroña última forma* de Leónidas Lamborghini pero en clave regia porque lo monárquico también se pudre, hablamos de cuando Bruno Vidal retó con revólver a duelo de ruleta rusa a Raúl Zurita para ver quién puede más, si los milicos en desgracia o los familiares de los desaparecidos en dictadura, Bruno Vidal está loco, decimos, se compró su personaje a pie juntillas, yo le cuento a José Tomás que hace unos años publiqué en redes sociales una foto de la portada de *Rompan filas* editado por la Diego Portales, una portada donde Bruno aparece con lentes oscuros y sombrero y corbata, los brazos abiertos y un poco hacia arriba como si estuviera a punto de abrazar una catástrofe, yo coloqué una gordísima línea de unos tres gramos de coca entre las manos colosales del poeta, Ésa es la foto que publiqué en redes sociales, digo, Era otra época, me justifico entre presuntuoso y avergonzado, tres gramos de cocaína flotando entre las declamatorias manos de un poeta post-pro-pinochetista para hacerlo lucir como hechicero de un Disney bizarro en el momento de desplegar un torvo polvo de hadas, al final hablamos de Elvira Hernández, de Carlos Cociña, de Diego Maquieira, de Juan Luis Martínez que rentó tres taxis simultáneos para ir por su mujer al hospital cuando nació una de sus hijas, de "La manoseada" de Sergio Parra y *La juguetería de la naturaleza* de Leo Sanhueza, hablamos de Bertoni y Redolés y Carrasco publicados en Lumen por Vicente Undurraga, el último editor de poesía que queda en las trasnacionales tenía que ser chileno, nos arrebatamos la palabra con el hipo y con la infatuación de niños que intercambian estampitas de un álbum Panini, mencionamos a Héctor Hernández Montecinos y Paula Ilabaca y Damaris Calderón y Mario Verdugo y Galo Ghigliotto y Gladys González y Pedro Montealegre y Juan Manuel Silva y Daniela Escobar y Gustavo Barrera Calderón y Juan Santander Leal y muchos otros.

No mencionamos a Francisco Ide.

Me despido de José Tomás, nos abrazamos, todo ha sido muy intenso pero me falta la última vuelta de tuerca del día, subo a mi habitación, enciendo la laptop sólo para enterarme de que ha muerto Claudio López Lamadrid, es un golpe seco, lo que me viene primero no es tristeza sino la consternación —soy un egoísta de mierda— de que se acaba una Edad de Oro para los míos, una Edad de Oro no sólo editorial sino vital, Claudio era apenas nueve años mayor que yo, le dio un infarto cerebral en su oficina de Penguin Random House, desde que estoy sobrio noto que mi camada está empezando a morirse, recuerdo la primera vez que vi a Claudio, estábamos en Barcelona, me dijo Quiero un libro tuyo, abrí la mochila para regalarle un ejemplar de mis poemas y él añadió No, estúpido, quiero publicar un inédito tuyo, no sabía yo que estaba frente a uno de los últimos especímenes de la legendaria casta editorial barcelonesa, el capitán, el artífice que puso a circular a mi generación literaria en un contexto panamericano, la próxima vez que Diego Zúñiga y yo nos encontremos en Donde Guido —barrio Lastarria, el mejor ceviche peruano que te pueden servir en Santiago de Chile— brindaremos con gaseosa a la memoria de Claudio porque sin su concurso habría sido imposible que un hueón de Santa María de Iquique como él y un güerco de Ciudad Frontera como yo publicaran sus novelas en España o simplemente se hubieran conocido, ahora somos *the lost boys*, esa clase de monstruo, me digo a mí mismo en Talca, un pueblo fome en el culo de América, donde no hay más que vino, es entonces que pienso por primera vez en ocho meses que de verdad

debería tomarme un trago, vale callampa, ya no quedan ñoquis con entraña, verga, se me ha muerto el editor pero no
bebo, aguante Julián, la vida es una milicia, Los Tres en el
iPod, la vida es imprecisa, déjate caer.

El sábado temprano me pongo "Tren al sur" con Los
Prisioneros y salgo del Diego de Almagro rumbo a la estación de Talca, Iván sabe de mi noviazgo infantil con los
ferrocarriles y me ha comprado el pasaje de ida y vuelta, me
salgo a la orilla del andén a fumar el último cigarrito del
Maule mientras los vagones se llenan, compro un periódico, no viene nada sobre Aylin, odio dejar la ciudad del crimen antes de que concluya la trama, subo al vagón, respiro
adentro y hondo, paso tres horas viendo la planicie a través
de la ventana, poco a poco aparecen los suburbios de Santiago, San Juaka Puente Alto Maipú San Bernardo Renca In-
dependencia La Florida El Salto, todos en la calle con esas
manos en alto, pronto estoy arrastrando la maleta por Estación Central, busco un taxi, pido al chofer que me lleve al
Foresta de Lastarria, es un edificio estrecho con piano bar,
el cubo de la escalera apesta a meados de gato metafísico sobre terciopelo rojo, lujo decrépito y siglo XX puro, he decidido de súbito pasar la noche acá en vez de viajar directo
a Valparaíso, amo Santiago de Chile con saudade de niño
mexicano proletario, yo pisaré las calles nuevamente y te recuerdo Amanda, toda esa mierda cursi atravesada de frágiles
relámpagos que cantaban los obreros de la Sección 147 del
sindicato del acero, la primera vez que vine me lancé directo a La Piojera y me zampé tres terremotos, luego un asado en casa de Simón Soto, al tercer día me agencié un díler
(un negro colombiano que despachaba Kunstmann y cocaína en un antro de Bellavista), desde entonces me imagino a
mí mismo como un fantasma estacional que de cuando en
cuando reaparece en un puente sobre el río Mapocho es-
pantando a los pacos de Plaza Italia, tragando vísceras con
el espectro de Jorge Teillier en la Unión Chica, buscando

ejemplares viejos de *La Calabaza del Diablo* en Metales Pesados, rondando Moneda bajo la lluvia protegido por un triste paraguas callejero de a tres lucas, perdido en Barrio Dieciocho en busca de una fiesta a medianoche, comprando pisco clandestino en una bencinera de Pudahuel, escuchando vinilos de Los Vidrios Quebrados en casa del Felipe Gana hasta que nos retan los de junto, tanto humo ensucia el corazón, es otro día más en Santiago, metro Bellas Artes, café Ópera, GAM, Universidad Católica, hablo con Maca Areco y le pido prestada su casa en Valpo, me cita en Ñuñoa y me entrega las llaves mientras Fernando explica cómo funcionan el gas y la corriente eléctrica, ¿Quieres un poco de vino?, No, gracias (en-realidad-podría-haber-tomado-un-poco-de-vino pienso en el Uber de vuelta al hotel), nos despedimos, el chofer me habla de disturbios en las barriadas, No se crea lo que ve, dice, Santiago es dos ciudades, la de los cuicos y la de los normales, no contesto porque otra vez estoy exhausto, no me queda *flow* para conversar con taxistas sociólogos, llego al Foresta subo a mi cuarto enciendo el televisor, no hay actualizaciones noticiosas en el caso de Aylin Fuentes Álvarez, en su lugar me topo el *talk show Bar de Chicas*, cuatro mujeres bellas de entre veinte y cuarenta años hablan de los mejores lugares de Santiago para tener sexo en la calle, hasta mi ventana sube la música de piano del bar del hotel, eso no está muerto no me lo mataron, poco a poco me duermo arrullado por tangos y voces de borrachos, sueño que —como pañuelos de la boca de un payaso— me brotan *jelly beans* multicolores de una muela picada, cada vez que sale un *jelly bean* de mi boca repito el koan que aprendí en Talca, ñoquis con entraña, ñoquis con entraña, ñoquis...

★ ★ ★

El martes 25 de diciembre, por la tarde, Aylin y su amiga Coté llegaron al balneario Los Quinchos en compañía del

Zafrada, el Churri, el Jefferson y la Jana, tres chicos y una chica del barrio Oriente. Los seis bebieron durante un rato, luego se trasladaron en auto hasta el puente del canal Baeza, en el cruce de avenida Circunvalación y la 14 Norte. Desde ahí descendieron a pie hasta un descampado junto a la ribera del río y se pusieron a fumar pasta base.

La Negra había sido llevada a ese lugar con engaños por instrucciones del Tuerto Fabián, narcomenudista talquino. La razón fue que en algún momento posterior a su salida del internamiento en el centro Gamma, entre noviembre y diciembre de 2018, ella había tomado a consignación de parte del Tuerto un paquete de *crack* con valor de 60,000 pesos chilenos (alrededor de 90 dólares), mismo que supuestamente debía comercializar entre sus conocidos. De acuerdo a testimonios posteriores,[7] Aylin se fumó la droga y no pudo devolver el dinero. Decidido a hacer de la muchacha un ejemplo ante el resto de los basuqueros de la ciudad, Fabián Cofré Álvarez habría pagado 100,000 lucas a Segundo Rosales Quezada, alias Chundo Chico, de 19 años, para que la asesinara. Chundo Chico no quiso ejecutar el crimen de manera personal: subcontrató para ello a tres menores de edad y a la Jana, de 18 años. Otra versión de los sucesos[8] —proveniente también de las declaraciones oficiales— señala que el Tuerto habría entregado la droga para venta al grupo de seis jóvenes y que Aylin se quedó con el paquete, mismo que consumió; esto habría colocado en riesgo a todos los involucrados.

Luego de un rato de quemar piedra, los jóvenes sicarios le recordaron a Aylin su deuda y la amenazaron de muerte. La discusión subió de tono. De acuerdo con las declaraciones de Coté, testigo sobreviviente, fue Jana quien indicó que Aylin

---

[7] https://www.diariolaprensa.cl/policial/asesinato-de-aylin-fuentes-obedecio-a-encargo-por-deuda-en-venta-de-drogas/

[8] http://www.molinaaldia.com/2019/02/trafico-y-supuestos-sicarios-revelan.html

debía morir. Uno de los menores implicados extrajo de entre sus ropas una pistola y le asestó un cachazo en la cabeza. Aylin cayó al suelo. Lamento tener que narrar que fue atacada por los demás miembros del grupo, quienes luego de golpearla en repetidas ocasiones la asfixiaron hasta quitarle la vida. Mientras los asesinos ataban los restos de la joven de la manera que luego habría de ser descrita por el testigo Rodrigo Méndez, la amiga Coté aprovechó la confusión para escapar ilesa del descampado. El cadáver de Aylin Fuentes Álvarez fue lanzado al río Claro por sus ejecutores.

La primera fase de la investigación se prolongaría durante casi un mes, contado a partir del hallazgo de los restos. Luego, el 7 de febrero de 2019, los autores materiales fueron detenidos gracias a la recolección de videos registrados por cámaras de vigilancia urbana y al testimonio de Coté, quien en un principio temía presentarse ante las autoridades y cuya identidad y paradero siguen siendo descritas hasta la fecha de manera intencionalmente confusa por las PDI y la crónica policial. El Ministerio Público turnó a los tres menores al centro de detención correspondiente, en tanto que la Jana fue confinada en arresto domiciliario. Once días más tarde, el 18 de febrero, la PDI aprehendió a Segundo Rosales Quezada, de 19 años, a quien se acusó de ser cómplice en la autoría intelectual del asesinato. El 24 de marzo, fue puesta a disposición del sistema de justicia una pareja (aún no se ha dado a conocer su identidad) que encubrió al Tuerto Fabián y lo ayudó a escapar de la policía en la ciudad de Chillán. Escribo estas palabras el 9 de marzo de 2019. Hace unos minutos, TVMaule publicó en su portal web la noticia de que Fabián Cofré Álvarez, autor intelectual del asesinato de Aylin, fue detenido en Talca y pasará la noche en un cuartel de la PDI. El proceso sigue abierto. Aún no hay sentencias.

★ ★ ★

Es domingo 13 de enero de 2019, son las dos de la tarde, mañana volveré a mi país, mientras tanto bajo del autobús en la terminal de Valparaíso y me meto en pos de una chorrellana al primer bar que veo abierto, de seguro fue un borracho quien inventó esta bomba de tiempo hecha de papa, carne y huevo frito, sólo a un borracho se le ocurriría que es posible comer impunemente tal volumen de catatonia y aceite vegetal, supe desde el minuto uno que era mala idea hacerlo solo, no me refiero a acometer la chorrellana sino al haber venido al puerto, Daniel Hidalgo y Álvaro Bisama me hicieron una lista de lo *must*, mercado El Cardenal Paseo Barón Cerro Alegre Concepción el restaurante El Ciudadano, a la mierda, no planeo ir a ningún lado, no vine a Valpo de paseo sino en peregrinación, llevo años postergando mi encuentro con el extremo sur del Océano Pacífico, el abuelo inconsútil frente a cuyas barbas de sal líquida nací, siempre estaba al final demasiado ebrio o crudo como para salir del hotel y trepar al autobús que me trajera al litoral chileno, ahora que tapé la botella es el momento, no hay caña, que otros vayan a Viña, que otros tomen los ascensores, yo sólo quiero ver los barcos, me quedan menos de 24 horas, pago la chorrellana y salgo a la calle, camino recto por Pedro Montt hasta la plaza Victoria, escalo por Edwards hacia la subida Ferrari y doy con la casa de Maca y de Fernando, no es lejos, está apenas detrás de un montículo de matojos y basura y tierra sin pavimentar y al lado de un letrero que advierte que pocas calles pendiente arriba está La Sebastiana, La Sebastiana es una de las múltiples antiguas casas de Neruda, Ya la veré más tarde, me digo, por ahora boto la *backpack* y bebo agua, conecto la electricidad enciendo el gas confirmo que no hay wifi, noto por último —no sin consternación— que la casa está repleta de botellas de vino tal como corresponde a cualquier hogar chileno que se respete, me temo que eso no lo presupuestó mi subconsciente, huyo a la calle enseguida como quien huye de una mansión embrujada, desciendo la pendiente Ferrari, cruzo la plaza Bolívar, sigo recto hasta toparme con el océano, hay una valla de cables de acero cortándome el paso, no alcanzo a distinguir si lo que flota al otro lado de la bruma son embarcaciones mercantes o buques de guerra, camino cerca de una hora en paralelo a la zona portuaria sin poder trascender la barrera de cables y los rieles (hay rieles del metro a lo largo de la costa) que constriñen mi sentimiento territorial, al final desisto y vuelvo sobre mis pasos hasta los linderos de la estación de autobuses, entro a un ciber para tranquilizarme con esa droga de diseño que es el mundo virtual, intento rastrear a Aylin Fuentes Álvarez en los diarios chilenos en línea, no hay novedades, para este momento (han pasado cinco días) ya entendí que no podré librarme así nomás de la Negra, voy a quedarme aferrado a su historia durante meses, impartiré conferencias acerca de los hechos y del modo en que el relato cambia las estrategias mentales del narratario y viceversa, hablaré de los enfoques neofeministas en el tratamiento de la violencia de género y de las implicaciones históricas del rasero sociológico y moral que conllevan tales discursos (Aylin fue adicta y pobre, dos experiencias vitales que compartí con ella y que en última instancia fueron las causas principales de su asesinato, pero mi narración de su sufrimiento carece de relieve político en un contexto contemporáneo porque yo no soy mujer, lo que desde el punto de vista de las metonimias culturales implica que una joven de clase media alta que alguna vez sufrió acoso sexual a través de mensajes de texto tiene más *flow* sociopolítico que yo para hablar del feminicidio de una persona adicta y proveniente de barrio bravo como yo, es un enfoque polémico y efectista de la realidad pero sin duda ha resultado muy eficiente para visibilizar la aniquilación de seres humanos concretos, es por lo tanto una forma revolucionaria y pragmática de emplear los aspectos vocales y tonales de la ficción, la clave es la política del cuerpo, el cuerpo femenino es una metonimia poderosa, sin embargo el precio que por ello pagan cientos de miles de mujeres es demasiado alto, si yo fuera académico me avocaría a estudiar estos aspectos de actualización estética desde un enfoque narratológico genetiano pero en fin, yo no soy académico), describiré en congresos a estudiantes de periodismo y literatura mi obsesión por recolectar la data del crimen a despecho de mi incapacidad geográfica para reportearlo *in situ*, advertiré a mis alumnos de taller sobre los riesgos éticos de proyectar la técnica narrativa sobre el universo de lo factual y también acerca de los riesgos emocionales que conlleva escribir crónicas, tendré pesadillas donde encuentro el cadáver de una joven en el río, donde yo soy el cadáver de una joven en el río, donde mi hijo y mi mujer son cuerpos muertos en el río, tendré pesadillas latinoamericanas, llevo décadas bregando contra las aguas de ese río, por el momento sólo me aqueja el resplandor de las pantallas del cibercafé, pronto va a oscurecer, vuelvo a la casa vacía de la subida Ferrari sin haber visto casi el rostro de Valparaíso, trato de dormir un rato en la habitación principal pero no lo consigo, salgo de nuevo a la calle en busca de comida, ha oscurecido por completo, los establecimientos empiezan a cerrar, vuelvo a la casa, intento olvidar la presencia del alcohol en el refrigerador y la alacena, me tiendo en el sofá, procuro distraerme viendo repeticiones de *Milf* y *Bar de chicas* en la televisión abierta, hasta mi lecho llega intermitente la risa del demonio en la botella, ya no quedan ñoquis con entraña, tengo que aceptar el perfume de las flores que están en la basura, poco a poco me duermo pero un rato más tarde me despierta la intuición de murmullos derritiéndose, qué pasa, una explosión cesante, un bloque negro debajo de una chispa, deben haberse botado los *breakers* por una sobrecarga de electricidad, bajo las escaleras que conducen a la entrada principal alumbrándome con la flamita del encendedor como quien se sumerge poco a poco en las aguas de un río, me pregunto si estaré muerto, reactivo los fusibles, la luz regresa pienso de golpe en mis deudas no tengo un centavo desde que salí de la clínica pienso a la mierda todo voy a fumarme hasta la última piedra voy al refrigerador abro la puerta superior veo en su fondo una botella de ginebra la extraigo la contemplo a contraluz el vaho del calor de la casa ha impregnado el cristal transparente con una deliciosa capa de escarcha recuerdo con el más lúcido paladar el sabor a avispas de té con azúcar del gin cayendo dentro de la boca untándose en los dientes bajando por el pescuezo qué feraz este viaje una semana de verano en el corazón del invierno cierro de golpe la puerta del congelador rezo intento no pensar paso el resto de la madrugada en vela tiemblo consigo a duras penas llegar sobrio al amanecer aunque las aguas de la oscuridad me hayan quemado toda la noche hasta los huesos.

No es un relato de valor sino de misterio.

Por la mañana Valpo tiene un regusto menos turbio, salgo a caminar, tomo la subida Ferrari rumbo al cerro Bellavista, paso junto a La Sebastiana, ni siquiera intento ingresar a la casa museo, contemplo desde lo alto el furor lúcido del puerto bajo el sol, cuesta abajo los grafitis parecen un infinito juego de matrioskas cubistas, al fondo el mar y los barcos, me siento en una placita a recuperar el aliento, hay tres estatuas, pronto las reconozco, poetas claro, qué otra escultura podría erigirse frente a la casa de un premio Nobel chileno, una es la estatua de Neruda, está de pie con su clásica boina cubriéndole la calvicie, otra escultura es de Huidobro, está sentado y sostiene en alto su bastón con el ademán de quien recita, la tercera escultura es Gabriela Mistral coronada por un chongo, está sentada también, me siento junto a ella, qué delicia es la sobriedad por las mañanas, si algo no extraño del trago son las primeras horas de la caña, eso pienso ingenuamente pero luego miro el regazo de la Mistral y descubro que la figura de bronce tiene cortadas las manos, no es que la estatua viniera así de molde sino que alguien la ha mutilado, hágame usted el favor, la más grande poeta del continente cercenada en Valparaíso, mierda, pasa que en esta calle vive a la que mataron, vuelvo a mirar el cuerpo de una mujer flotando

en el río Claro mientras miro la estatua de Gabriela Mistral
con las manos amputadas y de golpe la cruda de los cadáveres
de mujeres y las manos cortadas de mujeres que mantienen
embrujado a mi país me estalla en la cara, tarde o temprano
tendré que aceptar que soy parte del problema, ya no quedan
ñoquis con entraña, he sido todo menos inocente, por qué
tuviste que venir tan lejos habiendo tanta agua tan cerca de
casa, nunca salí del horroroso México.

Bajan

Tengo tiempo para saber
si lo que sueño concluye en algo
Spinetta

Era la primavera del 2014 cuando Fonatur decidió hacer un libro sobre Centros Integralmente Planeados y nos ofreció al fotógrafo Óscar González y a mí la tarea de cubrir la Baja California Sur. El plan incluía pasajes aéreos, dos días de estancia en Los Cabos, tres noches en Loreto, unos viáticos famélicos y un salario digno. Aceptamos.

Llegamos a San José cerca del mediodía, hicimos fotos de una glorieta que ostentaba siglas institucionales y fuimos a comer. Más tarde, una eficiente empleada del organismo nos llevó a conocer "los principales puntos de interés" de Cabo San Lucas: el antro propiedad de Sammy Hagar, los bares favoritos de Charlie Sheen, la marina, el complejo turístico Pueblo Bonito, una disco de playa donde ebrísimas rubias mostraban al público a cambio de un tequila sus gloriosas vergüenzas al son del reguetón, los fraccionamientos donde fueron privatizados los mejores atardeceres de la península (con el concurso y beneplácito del gobierno de México), una playa adornada por un faro en ruinas en la que abundaba la madera podrida y cuya fama se debe a que allí se filmó la película *Troya*... Al día siguiente visitamos, en San José del Cabo, un mega *cool* proyecto hípster que, amén de un campo de golf y un jardín escultórico con piezas de Cuevas y Felguérez y una cruz monumental de Gabriel Macotela, tiene adjunto un hotelito y *spa* para *millennials* cultos y sensibles. El *lobby* pretendía ser una biblioteca, y en un sótano debajo de la duela del desayunador habían instalado un estudio con tecnología *hi-fi* para grabar sesiones *unplugged* de músicos "tipo Natalia Lafourcade y así: *trendy*" —estableció la persona que nos guiaba.

Al final de la estancia, los anfitriones nos llevaron en bote hasta el ápice de Baja: la formación rocosa conocida como El Arco, a unos metros de las playas del Amor y del Divorcio. Cuenta la leyenda que, en ese escueto reducto —unos cincuenta pasos de arena flanqueados al norte por el Mar de Cortés y al sur por el Océano Pacífico—, una princesa aborigen rescató de las aguas a un marinero japonés del que después se enamoró. La relación fue prohibida por el cacique local, padre de la mujer. Se supone que el náufrago fue asesinado de cara a la Playa del Amor. Luego su amante se suicidó frente a las aguas del Divorcio. La historia es romántica pero improbable y, sobre todo, abarata la sensación de espejo de la mente que trasmite el estar varado entre dos abismos planos, la calma transparente de las aguas intrapeninsulares mirándose a los ojos del arrebatado oleaje al otro extremo de la fisura, como si la tierra fuera aquí la breve piscina seca de un mundo hecho todo de agua. Había algo vagamente místico, un poquito yin-yang, en el silencio que pude percibir por unos segundos entre el flujo calmo de una y el azote atronador de la otra —playas gemelas: dos frágiles relámpagos—. Duró nada; casi enseguida arribó un segundo bote atiborrado de turistas orientales.

Ése debe ser el único recuerdo personal que tengo de Los Cabos. Al día siguiente, la gente de Fonatur agendó un *shutter* que nos trasladaría a Loreto.

El Fonatur, o Fondo Nacional de Fomento al Turismo, es una empresa paraestatal mexicana creada en 1974 a partir de la fusión de dos fideicomisos federales. La página web institucional lo describe como "el instrumento estratégico para el desarrollo de la inversión turística en México". Entre sus acciones y programas se cuentan los Centros Integralmente Planeados: destinos playeros cuyo desarrollo y explotación surgió bajo el auspicio y la intervención burocrática. Se trata de Huatulco, Bahía Espíritu, Los Cabos, Loreto, Cozumel, Ixtapa, Cancún y Nayarit. El éxito histórico de la dependencia tiene activos y pasivos: si bien Los Cabos y Cancún explotaron hasta convertirse en un fenómeno global, Loreto se mantiene como una perla oculta a pesar del desgaste que significa para el erario. Ixtapa, por su parte, decayó tras un éxito temprano. El Fonatur es visto con suspicacia y hasta con rencor por algunos hoteleros tradicionales, quienes consideran que sus elecciones para invertir son imprevisibles y que en ellas influye el capricho del presidente en turno.

Salimos a las 10 a. m. rumbo al norte del estado. Recorreríamos 508 kilómetros por la carretera transpeninsular. Óscar y yo éramos los únicos pasajeros. Mario, el chofer, resultó muy platicador, como prefieren los de su gremio. Luego de ponderar las comodidades del vehículo —wifi, pantallas personales, agua y refrescos—, pasó buena parte del trayecto clasificando para nosotros cada una de las playas *surfers* junto a las que circulábamos: tipo de olas, poder adquisitivo del visitante promedio, especies endémicas, calidad de los servicios... Era obvia su pasión por el deporte. Nos habló de la pesca clandestina (un tema al que luego volvería en mi plática con Salvador el guardaparques y que años más tarde habría de estallarme en la cara, pero en ese momento cómo demonios iba yo a saberlo) y se quejó con amargura de la explotación minera en la península, una industria controlada por consorcios canadienses que devasta año con año el agua fósil de la cordillera.

—¿Y el narco? —pregunté, como haría cualquier turista en México.

—Eso aquí no se ve tanto —respondió el conductor—. Sí es sabido que pasa mucho cargamento rumbo al norte, sobre todo por mar. Pero violencia no hay. A lo mejor porque los señores viven aquí, o al menos eso se dice.

(Escribo esto cinco años después del viaje. Desde hace algunos meses, Baja California Sur pasó a ser el tercer estado más violento de México. Según las estadísticas, los homicidios aumentaron más de un 400 por ciento entre 2013 y 2017.)

Un poco antes de llegar a Todos Santos, Mario dijo:

—Aquí hacen un café *gourmet* muy bueno. Si quieren nos paramos.

Baja Beans es una empresa propiedad de Alec Tidey asentada en el ejido Pescadero. El café no está mal pero tampoco es cosa del otro mundo: veracruzano estándar cultivado y tostado con procedimientos artesanales. Lo que te venden es el *branding surfer* y, sobre todo, eso que Slavoj Žižek llama "the good coffee karma" o "ética del café": la pantomima de hacer pasar el consumismo salvaje como una obra de caridad gracias al *fair trade* y la conciencia ecológica. Pedí un *latte* con un *shot* extra, me compré una sudadera color rosa que ostentaba el logo de la compañía, y aproveché para entrar a Twitter. Tenía un mensaje de una amiga: "Si pasas por La Paz, no dejes de visitar el Muelle de la Reina".

Mario no parecía tener ninguna prisa. Apenas salimos de Baja Beans, nos sugirió hacer un segundo alto para ver de pasadita el Hotel California.

El Hotel California está en Todos Santos, un pueblo de cinco mil habitantes situado a ochenta kilómetros de La Paz. Se construyó entre 1948 y 1950; es demasiado joven para albergar la multitud de fantasmas que le acreditan los lugareños. Su fundador fue el Chino Wong, un inmigrante oriental que insistía en presentarse como don Antonio Tabasco (aunque nadie en el pueblo lo llamara así) y que detenta el crédito de ser el primer todosanteño en vender gasolina y también cerveza fría: los niños venían a su tienda, La Popular, a conocer el hielo. El hotel tenía entonces dieciséis habitaciones (ahora son once) y dio buenos servicios a la comunidad hasta finales de los setenta. Luego, tras la muerte del propietario original, el inmueble cambió de nombre y entró en decadencia, hasta que fue rescatado en los noventa por un matrimonio canadiense que le restituyó la denominación inicial. No es un lugar horrendo. Tampoco tiene mucho chiste: un edificio viejo pero en buenas condiciones, pintado de color naranja y situado en un oasis costeño. Lo que le concede su estatus de hotel *boutique* y su presencia en la lista de lo *must* para la Baja (la publicidad afirma que en él se han hospedado desde Paris Hilton hasta Jude Law, pasando por Queen Latifah, Shania Twain y Goldie Hawn) es la canción.

¿Se hospedó alguna vez Don Henley en el Hotel California de Todos Santos? La pregunta me parece relevante y no: el nexo que une al edificio con el tema de los Eagles (y en general con la narrativa de terror) es más profundo que cualquier verdad histórica. Aunque Henley ha negado en repetidas ocasiones conocer este sitio, no es descabellado imaginar a un rocanrolero texano avecindado en Los Ángeles que visita en forma anónima las playas *surfers* de Baja en los años setenta. Existe la posibilidad de que el músico niegue la referencia por una cuestión de derechos de autor. Pero lo más probable es que se trate de una coincidencia. Hay sólo un verso en la canción ("I heard the mission bell") que refiere un escenario todosanteño —el hotel está al lado de la iglesia del pueblo—. Aunque la construcción es anterior en el tiempo, no existe evidencia de que las historias de fantasmas que la pueblan (una de ellas incluye a una mujer llamada Mercedes que se le aparece por la noche a los viajeros y les ofrece vino) sean otra cosa que una leyenda urbana producida *después* de publicada la pieza de rock. Y es esto lo que me interesa más: la fantasmagórica habilidad del arte para hechizar edificios, remodelándolos en la imaginación.

Don Henley ha declarado también que la letra de su canción habla metafóricamente de la decadencia de Occidente, el mundo de las drogas, el fin de la utopía *hippie* y otras cuestiones graves y trascendentes. Esto sí no me lo creo —o lo creo, pero me suena irrelevante y pretencioso—: me parece una justificación autoral dirigida a los paranoicos de ayer y hoy que perciben "Hotel California" como un himno criptosatánico sin notar que en la superficie hay algo más raro y valioso: un cuento de fantasmas en cajas chinas escandido con la sencillez y la gracia del pop.

Un hombre maneja por la carretera, de pronto se siente cansado (aquí algunos interpretan un accidente automovilístico y la consiguiente muerte del conductor), entra a un hotel a reponer fuerzas, es recibido por una mujer que lo conduce a su habitación, más tarde se dirige a la recepción y —se infiere— el recepcionista le explica que quien lo recibió fue un fantasma al que no habían visto desde 1969, el huésped descubre entonces la celebración de un salvaje rito en el hotel, se horroriza e intenta marcharse, pero el velador que está junto a la puerta le explica que es imposible salir de ahí porque —se infiere otra vez— tanto el huésped como el hotel y el recepcionista son a su vez fantasmas.

(¿Nada de esto te suena un poquito a las primeras páginas de *Pedro Páramo*?)

"Hotel California" recrea el tópico de la mujer de blanco —la Muerte— que se aparece en el camino, y eso la conecta lo mismo con las baladas medievales europeas o el *lied* "Der Erlkönig" de Schubert o Goethe que con canciones como "A la orilla de la carretera" de Jaime López o "El troquero y la muerta" de Los Terribles del Norte. Claro que la rareza de algunos giros idiomáticos ("Warm smell of colitas", "Her mind is Tiffany-twisted" o "Mercedes bends" en lugar de Mercedes Benz) ha dado lugar a múltiples lecturas e interpretaciones que cualquier lector curioso puede indagar en internet. Algunos, por ejemplo, ven en "Mercedes bends" una referencia al fantasma de Janis Joplin. Otros han sido tan acuciosos en su hermenéutica que ven en la sustitución de

"Benz" por "bends" una referencia a la descompensación que padecen los buzos cuando salen demasiado rápido del agua (y a esto volveré más adelante, cuando narre mi encuentro con Salvador el guardaparques). Yo por mi parte transfiero a la expresión "her mind is Tiffany-twisted" una oscura remembranza de Holly Golightly, la protagonista de la novela *Desayuno en Tiffany's*, cuyo *mood* es semejante al de las *groupies* de la era clásica del rock y se parece mucho en ligereza a la mujer fantasma que atraviesa el tema de los Eagles.

Éstas y otras divagaciones me ocupaban mientras posábamos para la foto frente al Hotel California de Todos Santos y volvíamos al vehículo y retomábamos la marcha rumbo a Loreto a través de la carretera transpeninsular.

—¿A qué hora los esperan en su destino? —preguntó Mario, muy quitado de la pena. Al parecer le daba igual llegar o no al final del viaje. Por un segundo me asustó la perspectiva de ser nosotros los muertos: fantasmas atrapados para siempre en la transpeninsular, bajo el ariete del sol.

—¿Tú crees que podemos detenernos en La Paz?

Era mediodía.

—Si quieren los dejo en el malecón para que coman. Así aprovecho yo para ir por mis hijos a la escuela.

Entendí la primera razón de su pachorra. Y la segunda:

—Que al cabo ya en Loreto me dan una propina.

Óscar y yo nos instalamos un rato en el Bismarkcito. Almorzamos tacos de pescado y ostras crudas. Aprovechamos la tardanza de Mario para dar una vuelta por el Muelle de la Reina. Otra vez, igual que en Todos Santos, la memoria popular me pareció más sexy que el escenario como tal.

El relato que decora el muelle de La Paz, según el blog del historiador local Sealtiel Enciso Pérez, inicia en 1883, cuando los buzos Juan Vacaseque Calderón y Antonio Cervera, empleados de la empresa González y Ruffo S. A., encontraron en un sitio de extracción marítima cercano a la isla Espíritu Santo una perla "del tamaño de un limón regular, de una belleza singular y de un oriente extraordinario" —cita el cronista con arpegios, aunque no aclara su fuente—. La empresa González y Ruffo, creada en 1860 a través del matrimonio entre dos herederos del gremio mercantil, consistía en una armadora (asumo que de embarcaciones) y los principales almacenes de La Paz. El propietario, don Antonio Ruffo Santa Cruz, llamó a la piedra preciosa Carmenaida, en homenaje combinatorio a dos de sus hijas, Carmen y Adelaida. Con ese nombre, la prenda fue exhibida durante años en un escaparate de la tienda, hasta que el dueño la llevó secretamente a San Francisco, California, donde se la mostró a *sir* Anthony Fein, embajador del Reino Unido ante Estados Unidos. Esto debió suceder poco antes de 1901, año del ascenso al trono de Edward VII, porque *sir* Anthony mostró interés en adquirir Carmenaida para adornar con ella la corona ceremonial del futuro soberano. No está clara la razón —dice el historiador local que "en un acto de gran desprendimiento", pero mi instinto narrativo se niega a imaginar que un gesto como éste carezca de entretelones chismorreables y sabrosos (¿habrá pedido Ruffo asistir al evento de coronación?; ahí hay una novela)—, el caso es que el comerciante paceño obsequió la gema al gobierno británico para que ésta sirviera como adorno principal en el blasón del monarca inglés. Desde entonces, Carmenaida pasó a ser conocida (pragmáticos que son los anglosajones) como *The Great Lemon*. La corona ceremonial en la que está engastada perteneció sucesivamente a cuatro miembros de la Casa de Windsor, hasta culminar en los cabellos de la reina Elizabeth II.

La reina de Inglaterra visitó por primera vez México en 1975, invitada por el presidente Luis Echeverría. Fue una visita de Estado, aunque ella y su consorte aprovecharon para conocer —además de la Ciudad de México— Guanajuato, Oaxaca y Yucatán. En su segunda visita, en 1983, Elizabeth II y su esposo Felipe de Edimburgo recorrieron en plan vacacional parte del litoral mexicano en el Océano Pacífico:

Acapulco, Lázaro Cárdenas y Puerto Vallarta, para rematar en Baja California Sur, visitando La Paz y la laguna Ojo de Liebre, un sitio popular para el avistamiento de ballenas. Venían en el buque Britannia con los acorazados de la marina mexicana Zamora y Ocampo como escolta. Se dice que el mayor interés de la reina en este viaje era conocer el sitio de donde se extrajo Carmenaida.

El desapercibido talento ibargüengoitiano de la crónica de Sealtiel Enciso da cuenta de la premura con que se hicieron los preparativos para recibir a los monarcas. Un día antes de su arribo, el 21 de febrero, se construyó una pasarela de tablones (que aún existe) para que las visitas descendieran con mayor comodidad. La ceremonia de bienvenida (que incluyó la develación de una placa de bronce y la imposición del título Muelle de la Reina) estuvo presidida por el gobernador del estado, Alberto Alvarado Arámburo, y su esposa María Teresa Soto. La radio local invitó a la ciudadanía a acompañar a las autoridades en tan singular verbena, y las escuelas públicas recibieron día de asueto a fin de que los chicos pudieran ver cómo lucía una reina europea aunque fuera de lejecitos. El matrimonio real tocó tierra sudcaliforniana a las 10:30 a. m. Se develó la placa (imagino que habría algún lopezportillesco discurso; la crónica, omitiéndolo, se apiada). Los visitantes fueron trasladados entre el gentío a la catedral en recorrido más bien turístico que piadoso. Después se les condujo a la residencia oficial de El Caimancito, donde se celebró un banquete "con riquísimos platillos sudcalifornianos" y se les obsequió una artesanía que —prosigue Enciso— "la homenajeada [...] prometió colocar [...] en un sitio especial dentro del barco". Concluido el festín, los reyes regresaron a su nave, visitaron brevemente el sitio de extracción de la perla, y se marcharon.

En el Archivo Histórico de La Paz existe un registro fotográfico de la regia visita; su autor (hasta parece adrede) es Carlos Reyes. En las imágenes, dominadas por el *dress code* de la guayabera priista y los peinados a fleco laqueado de las damas, la reina luce un poco fuera de lugar, como un personaje traído de otros tiempos y añadido en Photoshop. La placa conmemorativa seguía existiendo cuando Óscar González y yo visitamos el arruinado malecón. Fue robada un año más tarde —dicen que por los propios albañiles— durante las tareas de remozamiento.

Mario pasó por nosotros alrededor de las 3 p. m., cuando ya comenzábamos a desesperarnos. Hicimos el resto del camino a toda prisa. Oscurecía cuando llegamos a Loreto. El representante local de Fonatur (no recuerdo su nombre; lo llamaré Fernando) nos esperaba desde hacía horas en el paradero del *shutter*. Nos instalamos en el Hotel Oasis apenas con tiempo para participar en la ceremonia de las almejas tatemadas a la que, sin saberlo nosotros, nos habían invitado.

Cava un hoyo redondo, no muy profundo, en la arena de la playa. Por lujo y comodidad, marca su perímetro con ladrillo colorado. Mete en ese hueco una buena cantidad de almejas chocolatas. Cúbrelas con piedra de grava. Enciende una hoguera sobre el horno hechizo; aliméntala con ramas secas de un arbusto local. El fuego debe durar hasta que la brasa penetre bajo la superficie y la grava esté candente y hornee las almejas. Extrae con pala y pinzas el platillo y sírvelo en charolas a la hora de la cena. Puedes acompañarlo con un aliño hecho a base de mayonesa y especias. Las almejas tatemadas son la delicia local y la especialidad del Hotel Oasis; se las prepara dos o tres veces por semana. Los loretanos consideran que ya los nómadas guaycuras y cochimíes de la península practicaban este método culinario siglos antes del arribo de los conquistadores españoles.

La antigua Misión de Nuestra Señora de Loreto Conchó fue fundada en 1697 por un grupo de misioneros y marinos liderados por el sacerdote jesuita Juan María de Salvatierra. Cuando la Compañía de Jesús fue expulsada del Imperio español, en 1767, la misión quedó en manos de la orden franciscana, y posteriormente sería ocupada por monjes dominicos. De Loreto salieron las expediciones que, al paso de los siglos, colonizarían la Alta California. La comunidad entró en decadencia a principios del siglo XIX, durante la primera época del México independiente, y no volvió a tener auge sino hasta mediados de los años setenta del siglo XX, cuando el FONATUR intentó desarrollar turísticamente su entorno. Se sabe de una reunión de alto nivel realizada en aguas internacionales frente a Loreto en los años ochenta. A ella asistieron los presidentes Ronald Reagan de Estados Unidos y Miguel De La Madrid Hurtado de México. Según el periodista Francisco Ramírez Ochoa, entre los temas de la agenda estaban la seguridad marítima de Estados Unidos y una oferta del gobierno de ese país para comprar a México las dos entidades que conforman la Baja California. El acuerdo no se concretó. Sin embargo, Loreto se convirtió desde entonces en un punto estratégico para el turismo estadounidense y el asueto de los políticos mexicanos. Es fama local que la Isla del Carmen, situada frente a la bahía, es propiedad del ex presidente Carlos Salinas de Gortari. No existe información que avale estas aseveraciones de los pescadores y guías de turistas loretanos a los que entrevisté. Lo que sí es verdad es que desde 1996 existen contratos entre el gobierno de México y la empresa Salinas del Pacífico S.A. de C. V. (dedicada a organizar *tours* cinegéticos) para "proteger y preservar la flora y fauna silvestres" de la isla, misma que alberga algunas decenas de piezas de borrego cimarrón.

A la mañana siguiente, acudimos a hacer fotos del excesivamente remodelado edificio que albergó la misión original, situado pocas calles al norte del Hotel Oasis. Fernando, nuestro guía, prometió trasladarnos al día siguiente a San Javier, un pueblo en la montaña a 30 kilómetros de Loreto, y cuya arquitectura misional se conserva de una manera más sobria.

Loreto tiene alrededor de 14,000 habitantes y una muy baja migración. Según Wikipedia, los dos apellidos que más abundan en el pueblo son Davis y Murillo. A petición mía, Óscar y Fernando y yo recorrimos las calles del centro y un par de barrios en busca de provisiones alcohólicas para la noche. Visto hacia adentro, sin el consuelo del mar y los hoteles, el pueblo me pareció tristísimo: la enésima encarnación de esas comunidades mexicanas post-*western* cero fotogénicas, las calles anchas sin mucho tráfico vehicular y las casas eternamente a medio construir, perros huevones cada diez pasos, una radio con cumbias o una tv sintonizada en los chismes del espectáculo para paliar una existencia mortificada hasta los límites de la parálisis a consecuencia del trabajo duro.

A mediodía regresamos al embarcadero y trepamos a una panga motorizada de unos 30 pies de eslora. El *tour* incluía avistamiento de delfines y dos paradas: una en la roca de los lobos marinos y otra en la Isla Coronado para practicar *snorkel*.

—A la mejor nos toca la ballena, pero aquí tan afuera no creo —dijo el piloto, tratando de que le diéramos un poco más de plata por llevarnos mar adentro.

Lo de los lobos marinos fue gozoso. El encuentro con los delfines no tiene asa. Mientras los contemplaba saltar y girar a nuestro alrededor en formaciones geométricas escalonadas y circulares y precisas, imaginaba que eran el taladro hecho de carne que propulsó a mi especie fuera del mar, o una serie de engranes que mantiene en su sitio al horizonte. Recordé una canción y una escena: "The Dolphins" de Fred Neil ("This old world will never change the way it's been / And all the ways of war won't change it back again") en un capítulo de *The Sopranos*, cuando Chris Moltisanti vuelve a consumir heroína mientras en el barrio se celebra una fiesta patronal entre puestos de comida y juegos mecánicos y luces de colores. Conozco la desgracia y la clama sagradas que sobrevienen al *relapse* en drogas duras; sé que no es una experiencia muy distinta al cuchillo de arrobo que te mete en la carne la contemplación de la naturaleza, ese *lado moridor* de la realidad del que hablaba Revueltas al describir su emoción en una visita a un sanatorio de leprosos. Desde ese día, cada vez que me mato, estoy buscando a los delfines en el mar. En Isla Coronado no quise zambullirme. Caminé un rato por la arena y seguí con la vista la mente de Óscar, que ni por un momento perdió el sexto sentido de obturador que tienen integrado los buenos fotógrafos. No estábamos para paseos casuales y nuestro capitán lo supo. Empezó a rastrear algo por radio. Luego de un par de comunicaciones en clave, nos miró orgulloso:

—Súbanse, de volada.

Distinguimos la mancha unos 100 metros antes de llegar a ella. Era una orca. Cuando nos acercamos, pude constatar que medía más o menos lo mismo que nuestra embarcación. La perseguimos un rato. Primero se alejaba, después nadó alrededor de nosotros y finalmente empezó a chocar contra la panga, zarandeándonos.

—Agárrese fuerte, primo, porque en una de ésas nos levanta.

—¿Está enojada?

Nuestro guía negó con la cabeza.

—Si estuviera enojada, ya nos hubiera volteado. Está morrilla. Está jugando.

Otras dos embarcaciones llegaron hasta donde estábamos —una breve esquina de mar atravesada a la izquierda por Coronado y a la derecha, más lejos, por el ribazo de la Isla del Carmen— y comenzaron a flanquear a *nuestra* orca. El animal dio un par de saltos al lado de otra lancha y yo me puse celoso: turistas, hijos de puta.

—Mejor ya vámonos —dije—. Nos va a agarrar la noche.

Óscar, que no paraba de tirar fotos, me miró como si fuera yo un imbécil. Me callé, abrí una cerveza y esperé, mirando al horizonte, que la envidia se disipara en mi interior. *Dying in a moment of splendor*, como dice la canción de Human Drama: así me sabe siempre todo.

En el capítulo final de su *Filosofía del budismo zen* publicado en español por Herder en 2015, el pensador germano-coreano Byung-Chul Han reflexiona acerca de lo que él llama "afabilidad arcaica":

El sentimiento de simpatía que brota de la afabilidad arcaica no puede entenderse desde la "compasión" usual. Por una parte, se dirige a los seres en general, y no en exclusiva a los demás hombres. Por otra parte, no se debe a la identificación o "compenetración". Ese sentimiento de simpatía no conoce aquel yo que sufriría o se alegraría por medio de un proceso de identificación. Si todo "sentimiento" estuviera vinculado al "sujeto", la simpatía de la afabilidad arcaica no sería ningún "sentimiento". Lo que en ella se da no es ningún sentimiento "subjetivo", ninguna "inclinación". No es "mi" sentimiento. Quien siente es "nadie". La simpatía le "acontece" a uno. [...] El amistoso "sentir con" se debe al vacío, que está vaciado de la diferencia entre yo y el otro.

¿Qué nos dio a los humanos por perseguir ballenas, orcas o delfines? Matar, claro. Realizar descubrimientos científicos. Vender aceite o piel. Vengarnos con imprudencia del maldito cetáceo blanco asesino. Salvar a la Madre Tierra. Escribir novelas y crónicas. Hacernos en la mente la película redentora del "good coffee karma". Pero hay algo más, algo primordial que conocí frente a las costas de Loreto: queremos jugar con nuestra comida, queremos ser la comida con la que juega nuestro depredador. La afabilidad arcaica de la que habla Han es el azogue detrás de las neuronas espejo. Es el diálogo ficticio que sostienes con tu gato cuando holgazanea junto a ti y es también esta *tanka* de Borges:

Bajo la luna
el tigre de oro y sombra
mira sus garras.

No sabe que en el alba
han destrozado un hombre.

Al día siguiente recorrimos en una *pick-up* el tortuoso camino a San Javier a través de la sierra La Giganta. Es fama que en días claros puede verse, desde el punto más alto de la cordillera, los dos mares que flanquean el Brazo de la Patria; nosotros no llegamos tan arriba. San Javier resultó ser un pueblo de dos calles y cien habitantes que sobrevive gracias al turismo. Fernando nos convenció de entrar a un restaurante y desayunar un machacado hecho con carne seca de venado que sabía horrible. Las conservas y el aceite de oliva que compramos como suvenir no estaban mal.

El recorrido valió la pena porque el edificio de la misión Vigge Biaundó ("tierra en lo alto de las cañadas" en lengua cochimí) era tan atractivo como nos lo prometieron, con sus gruesos muros de cal y roca. Fue construido entre 1744 y 1758 bajo las órdenes del jesuita Miguel del Barco, quien más tarde sería expulsado de la Nueva España; murió en Italia, lejos de la obra de su vida. El recinto es basto pero posee cierta galanura barroca. Su acervo de arte virreinal —traído desde los talleres populares de Tepozotlán: en carretas primero, después a través del mar en barco y luego a lomo de burro desde el litoral a la montaña— no es grandioso pero incluye un par de piezas luminosas, en particular el retablo del santo patrono.

En el fondo de la iglesia hay una huerta donde se erige el olivo más longevo del norte de América. Fue plantado hace 300 años. Entre sus ramas —como le sucede a miles de otras plantas— hay una novela curiosa.

El primer registro de un olivo en América data de 1542, en el Virreinato del Perú. Desde ahí se extendió el cultivo de este vegetal a los territorios que hoy conforman Argentina y Chile, y también a otras geografías virreinales como la Nueva España. Para el siglo XVII, la producción y comercialización de aceitunas en América era una industria importante. La fundación original de San Francisco Javier de Vigge Biaundó data de 1699 y estuvo a cargo del jesuita italiano Fracesco Maria Piccolo. Tres años más tarde, en 1701, arribó a la misión el sacerdote Juan de Ugarte, encargado de desarrollar la horticultura y la cría de ganado menor en la comunidad. De acuerdo con la tradición local, fue Ugarte quien plantó el olivo de San Javier; esto tiene que haber sucedido antes de 1730, que es cuando el cura murió. Luego, en algún momento posterior a 1759, todos los olivos que existían en América fueron talados por la corona española. Se trata de uno de los grandes desastres ecológicos que han afectado al continente, y sin embargo casi nadie lo conoce. Aunque no existe documentación al respecto, los historiadores coinciden en que la orden de esta devastación debió provenir del mismísimo rey de España, Carlos III. La razón es que la especie local de aceituna era mucho más rica en pulpa que la peninsular, lo que ponía en riesgo la economía de la metrópoli y fortalecía el comercio criollo. No sé si fue por hallarse tan aislado y solo, o quizá porque los jesuitas eligieron ocultar su existencia a la corona, el caso es que el olivo de San Javier sobrevivió a la masacre de su especie; es un árbol-Niño-Dios. Los loretanos tienen para sí que se trata del olivo más viejo de América, pero una mínima investigación logra sacarlos de su error. En Arauco, Argentina, persiste un ejemplar cien años más viejo aún: data de principios del siglo XVII. Fue salvado, dice la leyenda, por una mujer de nombre memorable: Doña Expectación Fuentes de Ávila. Sin embargo, y a diferencia de su vital gemelo californiano, el de Arauco es un árbol que agoniza. Le aqueja desde hace tiempo una enfermedad producida por una bacteria también de nombre memorable: *Xylella fastidiosa*.

Me rezagué, camino de la huerta. Estaba un poco harto del álbum de maravillas que nos deparó la Baja, con su mezcla vertiginosa de frivolidad traslúcida, afabilidad arcaica y humanismo beato. No sabía cómo continuar. Entonces vi, flotando en el pozo de agua pura que alimenta los cultivos, un vaso de unicel. Pensé: para esto sirve la basura, para que uno se borre el sabor de lo sublime y así pueda enfrentarlo en segundas o terceras nupcias. Durante años he intentado traducir esa reflexión al lenguaje de la literatura. Nunca pude. Supongo que la única manera de expresarlo es arrojando un vaso desechable al cauce de un manantial, como hace la mayoría de la gente.

Por fin me atreví a pararme frente al olivo tres veces centenario. Me pareció, más que un anciano sabio, un *ent* adolescente, transido de nerviosismo, lleno de nudos vigorosos. Sentí que en cualquier momento iba a levantarse de meditar para hacernos la guerra en venganza por la masacre de los suyos. Pero no.

Regresé al auto y esperé a que mis compañeros terminaran de hacer fotos.

Yo nunca hago fotos.

★ ★ ★

Iniciamos el viaje de regreso a Los Cabos. Óscar González y yo teníamos la esperanza de que el nuevo *shutter* estuviera también vacío, pero cuando trepamos al vehículo ya nos esperaba dentro un tercer pasajero. Era un cuarentón avejentado, prieto y gordo como yo, bigotudo, narcisista y sonriente. Se presentó como Salvador. Dijo ser guardaparques de Loreto. Llevaba una camisa con el logo de Semarnat y una gorra de los Cañeros de Los Mochis. Usaba lentes oscuros y se reía de nada.

—Ya súbanse, morros. Vámonos, porque en este pueblo espantan. ¿Sacaron hartas fotos?

Óscar se encogió de hombros y guardó la cámara.

—Qué bueno que ya van de regreso. A casita. Yo en cambio voy a echarme dos días de puro trámite sindical. La muerte, paisano. En canicas.

Mientras la van se ponía en movimiento, Salvador habló de escalafones, pensiones y antesalas hasta que, un poco para obligarlo a cambiar de tema, pregunté:

—¿Qué es lo que hace un guardaparques?

Se quitó los lentes y los colgó del cuello de su camisa.

—Haz de cuenta que uno fuera como el *sheriff* de todo esto —miró a su alrededor con los brazos abiertos y pegados a los costados, las manos abiertas frente al pecho y con las palmas hacia abajo, como un pequeño tiranosaurio que marcara con la vista su territorio de caza—. Pero en el agua.

Tomamos la carretera rumbo a La Paz.

—Y ¿cómo se convierte uno en el sheriff de todo esto? —insistí.

Salvador soltó una carcajada.

—Haz de cuenta que primero tienes que ser un forajido. A mí el gobierno de Calderón me mandó al mar pa poder sacarme del mar.

Óscar se recostó; lucía desvelado.

—¿Me regalas una? —preguntó Salvador, señalando mi six de cerveza. En esa época yo no iba a ningún lado sin la compañía de una guarnición de alcohol. Le extendí un bote. Lo abrió.

—A los diez años se me ocurrió un plan: agarrar a vergazos al primer plebe que viera en la puerta de la escuela el primer día de clases, para que me expulsaran antes de entrar. Y sí me expulsaron. Me devolví a la casa, fui y me compré unas papitas y una soda y me senté a ver la tele. Dónde me iba a imaginar que ese día mi apá no salió a pescar.

Así fue como el Pat Garrett del Mar de Cortés comenzó a contarme su historia.

—Pensé que me iba a arrimar una putiza, pero no. Me la dio, pero de otra: me llevó con él al mar. Yo era un palillo chiquininillo, así como este dedo, y que me pone a alzar la red, ¿tú crees? Se me cortaron todas las manos con el mecate y el sedal, mira. Estábamos sacando barracuda, imagínate.

Por la noche me quedé tirado en un conito de la panga, todo desguanzado. El viejo me dio un trago de pisto y me señaló con la cabeza pa fuera: "¿Ves esa luz?" "Sí, apá". "Eso es Loreto. Si me prometes que mañana sí vas a ir a la escuela, ahorita mismo te llevo". Qué le iba a prometer. Antes me hubiera echado a nadar con los pinches tiburones. Yo me hice pescador por puro burro.

"Pero no sacas. De plebe sí, pa las caguamas. Pero yo cargué a mi ruca cuando teníamos 16, luego luego nos casaron y a empezar a pagar: que los pañales, que la leche. No sacas, no la armas. Por eso todos le entramos a la pesca clandestina. Carey, manta chica, tiburón, marlín, pez espada: eso deja. Bien dicen que lo bueno es siempre lo que está prohibido. Prohibido para quién, preguntó mi cuñado; pa los pendejos, pues. A mí la federal me peló tres pangas de verga durante 20 años. Mandaban sus chingados guardaparques graduados del Tec de Guaymas, que para vigilar. Esos culeros no distinguen un martillo de una quimera, van a saber dónde pesca uno. Nos los chingábamos bien y bonito.

"No, la mortificación es pa bajar. Vas con un compañero y él te baja de la panga con el cable. Yo siempre fui de los que bajan. Tengo una puntería chingona, mi chingón. Todo es a pura pistola. Llevas máscara de oxígeno, pero es de compresor. Y como son compresores viejos, el motor te avienta oxígeno y gasolina por el tubo al mismo tiempo, a lo pendejo. Cuando vuelves con la presa ya vienes bien *happy*, bien loco. En peligro y hasta te arpones tú solo.

Siguió narrando hazañas marítimas durante largo rato, mientras el olor de las tripas de pescado y la textura de las costras de sal y la turbulencia de las corrientes submarinas y los cartílagos de manta voladora y el filo de náilon de las redes y el sabor a hierro de la sangre en los cuchillos y el piquete de las escamas debajo de las uñas y el seboso remanso de la manteca de cerdo en quemaduras de sol y las ampollas del pulgar y el dedo medio en el timón y veinte tonos de azul y un tiburón intoxicado con dísel se extendían y flotaban dentro de la van a 100 kilómetros por hora sobre la cinta asfáltica de la carretera transpeninsular, anegándolo todo. No me atreví a interrumpirlo ni una vez porque, verde de envidia, lo que yo hubiera deseado en realidad era extirparle del cuerpo con un golpe samurái ese perfecto *timing* de narrador oral que se cargaba; extirpárselo y comérmelo con una fe y una fiebre de caníbal.

—¿Por qué lo dejaste? —le pregunté por fin, exhausto, tras una larga pausa suya.

—Tengo tres hijos, mi chingón —esa explicación hubiera bastado para mí: también tengo tres hijos—. Un día llegó la federal a catear mi casa, revolvieron todo: la despensa, el cuarto de los plebes, todo. Yo tenía tres congeladores pero estaban vacíos. De todos modos se los chingaron. A mí en el agua me pelaron tres pangas de verga: nunca me encontraron arponeando. Pero cuando vinieron a la casa... Los chiquillos llorando. Cuando se fueron los chotas, ayudé a mis hijos a alzar sus cosas y me los llevé a la cama conmigo y con mi vieja y les leí unos cuentos de Walt Disney hasta que se jetearon. Qué me iba a jetear yo, me pasé toda la noche con chincuales en la cola. Como a las tres me paré por una soda. Me quedé ahí nomás, en la puerta del cuarto, mirándolos. No, primo: ahí sí se me frunció. Al otro día temprano fui a pedirle trabajo al Semarnat.

—Y te lo dieron.

—Pos a huevo. Si yo sé dónde y a qué horas y cómo pescan todo. Me mandaron al mar pa sacarme del mar.

—¿Y tus amigos?

—Mis huevos son amigos. Hace unos meses agarré a mi cuñado arponeando marlín. Le tuve que confiscar el compresor y el motor de la panga. Ora no puedo ni pararme en la casa de mi suegra en Navidad.

—¿Qué fue de tu papá?

—Ahí lo tengo en la casa, de adorno. Le digo a mis plebes: "Pórtense bien, cabrones, porque me lo merezco. Yo nunca he sido como este viejo guango, que me daba de putazos cada cinco minutos". Pa eso lo tengo: pa recordarle a mis hijos que no soy un culero. A mí no me enseñaron que a los niños no se les pega, mi chingón. Lo tuve que aprender solito.

En La Paz nos despedimos. Cuando le di la mano, sentí como si sujetara una piedra pómez. Salvador bajó del auto y nosotros seguimos el camino a Los Cabos.

Al principio deseaba escribir esta historia. Después, durante cuatro años, me olvidé de ella. En ese lapso escribí un par de libros, hice más viajes y bebí litros de alcohol. Bebí, sobre todo.

Hasta que, un día de mayo de 2018, pasé un fin de semana con mi hijo menor. Estábamos en casa. Solos. Para entonces ya me había divorciado. Esperé a que el niño se durmiera y me senté frente a la computadora con una botella de bourbon y dos gramos de cocaína al lado. Cuando llevaba media botella y casi toda la droga consumidas, fui a la habitación para cerciorarme de que Leo seguía dormido. Entonces, frágiles relámpagos, dos imágenes me cruzaron el rostro. La primera era ésta: si alguien le hubiera prendido fuego a la casa en ese momento, mi hijo estaba desamparado; su papá no estaba en condiciones de protegerlo. La segunda era ésta: un hombre armado de un arpón respirando gasolina bajo el agua. Entre las gentes con las que vivo ahora, eso tiene nombre: se llama *fondo de sufrimiento*. Por fin logré tocarlo. Esperé a que amaneciera y telefoneé a mi ex mujer. Le dije:

—No puedo más, Mónica. Esto es como respirar oxígeno y gasolina al mismo tiempo. Ayúdame, por favor.

La leyenda del Fiscal de Hierro

1.

El 2 de noviembre de 1970, en el restaurante La Siberia de Nuevo Laredo, Cuco Reyes Pruneda fue abordado por los policías judiciales Rafael Hernández y Álvaro Díaz de León. No está claro si iban a aprehenderlo o nada más a negociar los sobornos que Simona, madre de Cuco y dueña local del crimen, se negaba a pagar. Cuenta el rumor que los federales ocuparon una mesa y ordenaron algo, momento que Reyes Pruneda aprovechó para extraer su arma del cinto y ejecutarlos a mansalva. Así comenzó la primera guerra del narco en el noreste de México, tres años de violencia que alguna prensa local bautizaría como Laredo Rojo y que en 1988 darían pie a la creación de un héroe inusitado: El Fiscal de Hierro, personaje del cine B al que encarnó el actor Mario Almada con base en el histórico agente del ministerio público Salvador del Toro, persecutor de guerrilleros suicidas, homeópatas marxistas y gavillas narcomatriarcales.

La trama oculta de este relato pop es tan compleja que no cabría en una peli o en una crónica. Viene de antes del Milagro mexicano y sus ramificaciones se extienden lo mismo a Texas y la banda de Los Dones que a la Ciudad de México y los pasillos de Televisa, las oficinas burocráticas o la Noche de Tlatelolco. Lo que sigue son algunos de sus *highlights*.

2.

La cronología del crimen organizado en Tamaulipas se remonta a 1929 y tiene como primeros protagonistas a una pandilla de adolescentes originarios del rancho El Tahuachal, buscones que además de socios eran hermanos: Arturo, Roberto y Juan Nepomuceno Guerra Cárdenas. A los catorce años, Juan N. se incorporó a una red de contrabando de alcohol (era la época de la Prohibición en Estados Unidos) entre Matamoros y el Valle de Texas. El grupo —del que Nepomuceno Guerra no tardó en volverse líder y cuya estructura habría de transformarse durante la segunda mitad del siglo XX en lo que hoy llamamos el Cártel del Golfo— contó con la protección y el respaldo de Francisco Castellanos Tuexi, gobernador de la entidad entre 1923 y 1933. Es probable que el político sintiera particular simpatía por Juan Nepomuceno, algo que se infiere de dos hechos: a pesar de su prontuario, lo empleó como policía en el Distrito Federal en 1946 (Castellanos Tuexi era en esa época procurador de justicia capitalino), y tres lustros más tarde, de regreso en Tamaulipas, fungió como su abogado defensor en un caso de homicidio. Pero me estoy adelantando.

En 1933, la legalización del alcohol en Estados Unidos obligó a los Guerra Cárdenas a diversificarse. Mudaron sus actividades al tráfico de drogas, indocumentados, autopartes y armas; el robo de autos; la venta de protección, la extorsión y el secuestro. Paralelamente, crearon en Matamoros empresas legítimas como la distribuidora local de cerveza Carta Blanca y uno de los restaurantes más tradicionales del pueblo: el Piedras Negras.

Tras su breve experiencia como policía chilango, Juan N. (quien por entonces frisaba la treintena) volvió a Matamoros. En 1943 se había casado con Gloria Landeros, joven actriz con fama de bella que solía trabajar en la Carpa Landeros, propiedad de su padre. En junio de 1947, en un momento en el que Gloria conversaba de manera animada con el comediante Adalberto Martínez "Resortes", Juan tuvo un ataque de celos, sacó su pistola y mató a la mujer. El caso fue muy sonado a nivel nacional: la prensa lo cubrió con amplios titulares y don Carlos Landeros, padre de la víctima, envió al presidente Miguel Alemán una carta en la que demandaba justicia. Sin embargo, las autoridades tamaulipecas decretaron muerte accidental. A Guerra Cárdenas ni siquiera se le sometió a proceso.

En un artículo publicado en *El Universal* el 17 de junio de 2012, el periodista Ignacio Alvarado Álvarez cita el siguiente memorándum escrito por Manuel Rafael Rangel Escamilla, director de la Dirección Federal de Seguridad (DFS) bajo el régimen de Adolfo López Mateos:

> Roberto y Juan N. Guerra están considerados en el norte de la República como los más grandes contrabandistas en armas, artículos comerciales y drogas enervantes. En épocas pasadas desarrollaron una labor de terrorismo y se encuentran implicados como los autores intelectuales de varios crímenes, entre ellos el del presidente municipal Ernesto Elizondo (administración municipal de Matamoros 1949-1951, acribillado mientras conducía su automóvil) […].

Otra demostración de la impunidad del clan tamaulipeco fue la ejecución de un heredero incómodo pero notable de la Gran Familia Revolucionaria.

A finales de abril de 1960, Roberto Guerra Cárdenas intentó pasar un cargamento ilegal de café por la aduana de Ciudad Miguel Alemán. El producto fue incautado, lo que dio inicio a una investigación por parte del teniente coronel Octavio Villa Coss, comandante del resguardo aduanal. Octavio era hijo de Pancho Villa y de Guadalupe Coss, una de las 18 esposas legítimas que llegó a tener el Centauro del Norte.

Villa Coss fue convocado por Juan N. al restaurante Piedras Negras a través de uno de los agentes aduanales adscritos a Matamoros: Zeferino Vega Cantú. En la reunión, Guerra Cárdenas ofreció al teniente coronel un soborno de 250,000 pesos a cambio del cierre de la investigación y la garantía de paso libre para futuros embarques clandestinos. Villa Coss rechazó la propuesta. Furioso por el desaire, Juan Nepomuceno asesinó a su interlocutor disparándole en el rostro, según lo establecido más tarde mediante pruebas periciales.

La maquinaria estatal se puso en marcha de inmediato para exculpar a su pistolero consentido. Primero, el contrabandista quedó en resguardo en un rancho propiedad del general Tiburcio Garza Zamora, personaje cercano al exgobernador Raúl Gárate Legleu y a la sección tamaulipeca del grupo político del expresidente Miguel Alemán. Segundo, Francisco Castellanos Tuexi, el exgobernador y exprocurador y exdirector de aduanas que había cuidado a los Guerra por más de treinta años, logró en su calidad de abogado defensor que se exculpara a Juan mediante la maniobra de ofrecer como chivo expiatorio a Carlos "La Máquina" García, chofer del jefe mafioso. Esto a pesar del testimonio de la hija y la esposa de García, quienes declararon ante el ministerio público que su pariente se encontraba en casa a la hora del asesinato.

Cinco meses más tarde, el secretario de Hacienda Antonio Ortiz Mena emprendió una depuración de las jefaturas aduanales en Matamoros. Varios funcionarios con expedientes limpios fueron destituidos. En cambio, Zeferino Vega —quien había *puesto* a Villa Coss para que lo mataran en el Piedras Negras— conservó su empleo.

Éstas y otras atrocidades del Padrino de Matamoros resultarían inconcebibles sin el concurso de al menos tres generaciones de políticos tamaulipecos. En el artículo de Alvarado Álvarez que ya cité se hace referencia a otro expediente de la DFS dedicado al entonces miembro del gabinete presidencial Manuel Martínez Manautou durante su competencia con Echeverría por la sucesión presidencial. El documento da cuenta de las reuniones que el precandidato celebró con Juan N., mismas a las que asistieron alcaldes y otras personalidades de Tamaulipas y Nuevo León. También se habla del financiamiento que los Guerra Cárdenas aportaron a la campaña del priista. Por su parte, en otro artículo publicado en *Proceso* en enero de 1978, Francisco Ortiz Pinchetti detalla los vínculos entre Juan N. y Enrique Cárdenas González, quien durante el gobierno de Díaz Ordaz fungió como subsecretario de Investigación y Ejecución Fiscal, un puesto que lo ponía en contacto con el ámbito aduanal y la procuración de justicia. A mediados de los setenta, con Luis Echeverría en el poder, Cárdenas González se convirtió en gobernador de Tamaulipas.

Si me he demorado en establecer los generales de Juan N., personaje que opera como una suerte de telón de fondo de esta historia, es porque me parece relevante para comprender el carácter de política de Estado que subyace en el exterminio del clan Reyes Pruneda. Y porque quizá Laredo Rojo pueda leerse como un imaginario que arroja alguna luz (así sea como extrapolación o metáfora) sobre las guerras del narco que devastaron a México en las primeras décadas del siglo XXI.

3.

La prensa la llamó el Padrino con Faldas. Era de extracción campesina. Su nombre de soltera fue Simona Pruneda Ayala y nació en los alrededores de Nuevo Laredo, quizás en 1907. Puede que el marido se llamara Manuel Reyes y haya muerto en los años cincuenta, dejando a Simona al cuidado de un rancho (Los Cuatro Vientos) y de siete hijos varones entre los que se contaban Refugio, Rodolfo, Pedro, Alfredo, José Lino y Fermín —este último era más bien su sobrino: se apellidaba Reyes Martínez—. Tal fue el núcleo del clan Reyes Pruneda que, según la tradición oral del noreste de México, se incorporó a las filas del narcotráfico a mediados del siglo XX bajo el mando de una viuda.

El objeto principal del trasiego de los Reyes Pruneda era la marihuana. También comerciaron con goma de opio, como quedó demostrado tras una redada en 1972. Llevaban estos productos a través de la aduana de Nuevo Laredo hacia Estados Unidos. Luego, conforme el negocio prosperó, usaron avionetas piloteadas por exsoldados gringos que se habían enganchado a la heroína durante la guerra de Vietnam.

No existe narrativa popular ni periodística de los Reyes Pruneda de Nuevo Laredo a lo largo de los años sesenta. Esto me da una idea indirecta de su bajo perfil delictivo hasta ese momento. De acuerdo con una genealogía que me proporcionó Eliud Constancio, el primero de junio de 1969 murió José Lino, el hijo mayor, quien por entonces tendría alrededor de 35 años. No sé si este hecho guarde relación con la violencia y el narcotráfico, aunque sospecho que sí dado el tono fanfarrón con el que lo refieren en las redes sociales algunos de los presuntos descendientes del clan.

El 7 de julio del mismo año fue arrestado en la zona de tolerancia, en el salón Corpus Cristi propiedad de Salvador de Hoyos, Alfredo Reyes Pruneda. Fue extraditado y una corte de Estados Unidos lo condenó a 20 años de prisión. La anécdota, descrita en documentos oficiales y en el corrido "Salón Corpus Cristi" interpretado por Los Fronterizos de Nuevo Laredo, es el primer registro fehaciente de la participación del clan en hechos delictivos.

Según José Luis García Cabrera, autor de *Los tufos del narco*, un "comandante de la federal comisionado en Matamoros que trabajaba para don Juan [Nepomuceno Guerra], intentó en cierta ocasión obligarlos [a los Reyes Pruneda] a pagar el permiso [de traficar con estupefacientes], y poco después fue encontrado muerto a balazos".

Esto habría sucedido antes del tiroteo en el restaurante La Siberia. El dato (que no he podido constatar en ninguna otra fuente, pero que no me resulta inverosímil visto a contraluz de los expedientes de la DFS sobre la narcopolítica tamaulipeca de los años sesenta y setenta citados por Alvarado Álvarez) sienta las bases de lo que pudo ser uno de los detonantes del

Laredo Rojo: un conflicto de intereses entre dos familias del crimen organizado, una que pagaba su derecho de piso, y por lo tanto contaba con el respaldo del gobierno federal, y otra que podría considerarse enemiga del partido hegemónico al declararse en rebeldía y no pagar sobornos. La identificación del clan Reyes Pruneda con la beligerancia política no es una mera fantasía mía. En una crónica publicada en agosto de 1973 en el *Texas Monthly*, los periodistas John Moore y Reed Holland (ambos nombres son evidentes seudónimos) describieron "Los Cuatro Vientos" como

> un rancho que es en realidad un campamento armado donde uno puede intercambiar casi cualquier cosa de valor (de preferencia armas) por heroína, coca, pastas, lo que sea. Un aduanal estadounidense se dejó crecer la barba, se infiltró en el terreno en compañía de un narcomenudista también norteamericano, y regresó muy nervioso. Cuenta historias de ametralladoras, morteros de combate y bigotones bandoleros de carrilleras terciadas que parecen un batallón perdido de zapatistas.

Si uno contrasta este retrato de familia con el posterior arribo a Nuevo Laredo de Salvador del Toro Rosales, quien previamente había tenido a su cargo procesar el asalto insurgente al cuartel de Madera, Chihuahua, en 1965, y el seguimiento de causa de los jóvenes detenidos en Tlatelolco el 2 de octubre de 1968, podrá tener una idea más clara de lo que la primera guerra del narco significó para los gobiernos de Gustavo Díaz Ordaz y Luis Echeverría Álvarez: lo que estaba en juego no era un simple caso de delincuencia organizada, sino el monopolio de la violencia por parte del Estado.

La única fotografía que conozco de Refugio Reyes Pruneda muestra a un joven mestizo de cabello crespo pero bien peinado, cejas pobladas, pómulos prominentes, bigote piramidal y un traje claro con corbata a rayas. Podría haber pasado por un oficinista competente. El recuerdo que la voz popular guardó de él es muy distinto: se le describe, alguna vez con devoción y casi siempre con espanto, como a un forajido estilo Jesse James que dejó sembradas de cadáveres las calles de Nuevo Laredo. Mi recuerdo infantil es que Bety, viuda del narcotraficante y karateca Menchaca, y amiga de mi madre, hablaba de Cuco como si se tratara de una estrella de cine o un miembro del *jet set*, un guapo guapo que liga en cada esquina y va por todas partes rodeado de un séquito de lambiscones dispuestos a matar a quien mire a su amo sin bajar la cabeza, un príncipe de alma negra. Cuando lo ajusticiaron, la prensa local usó el titular "Mataron al Cuco": jugaba con el nombre de la criatura folclórica que se lleva a los niños que se portan mal. Así era el miedo que le tenían. Su imagen sigue siendo el epítome de la nostalgia por el *western* que anegó de pistoleros famosos las baladas norteñas de los años setenta. Sin embargo, fueron apenas tres meses el tiempo que Cuco estuvo presente en el seno de la guerra: de noviembre de 1970 a febrero de 1971.

Así va "Los judiciales", un corrido que cantaban Los Fronterizos de Nuevo Laredo:

Lunes, día dos de noviembre,
vas a quedar en la lista.
Han muerto los judiciales
por unos contrabandistas.
Dos agentes federales
con una orden de aprehensión,
iban buscando a unos hombres
que no entendían la razón.
Faltaban pocos minutos
para terminar el día,
a taquería La Siberia
entraba la policía.
Ahí estaba Cuco Reyes,

Valerio lo acompañaba,
Rafael le dice a Cuco:
"Señor, yo a usted lo buscaba".
Los iban a detener
por delitos prohibidos,
pero ellos se levantaron
abatiéndolos a tiros.
Díaz quedó malherido,
la vida se le escapaba,
ya casi para morirse,
su pistola disparaba.
Puerto de Nuevo Laredo,
no los volverás a ver,
han muerto los judiciales
cumpliendo con su deber.

La canción aporta un poco de color al suceso: el tiroteo en La Siberia transcurrió cerca de la medianoche; Cuco estaba en compañía de Valerio, uno de sus achichincles; el agente Aarón Díaz intentó responder el fuego mientras agonizaba...

Una crónica escrita dos años más tarde por el periodista italiano Franco Nencini cuenta que, furiosa ante las ejecuciones, Simona clavó cuatro estacas en un descampado de Los Cuatro Vientos y mandó atar de pies y manos a Cuco. Así lo tuvo tres días con sus noches, sin comer ni beber, en castigo por su arrebato.

A partir de entonces, la guerra entre los Reyes Pruneda, la policía federal y una banda rival conocida como Los Gaytán (de la que hay poquísima información —apenas el nombre de un capo: Miguel Elías Gaytán, alias Pedro Gaytán Elías) se recrudeció durante meses. La prensa informó de varias ejecuciones —ni siquiera *decenas*; eran otros tiempos.

Cuco se enclaustró en Los Cuatro Vientos durante cerca de dos meses, pero en algún momento tuvo que salir: imagino que para un hombre de su temperamento habrá resultado insoportable el encierro. Contaba Bety, la amiga de mi madre, que una noche de ese invierno lo vio por última vez en La Zona: iba en compañía de un par de pistoleros, estaba recién rasurado y olía a Acqua di Parma. Poco después, el 20 de febrero de 1971, Refugio Reyes Pruneda fue emboscado y muerto en los alrededores de Nuevo Laredo. Así describe los hechos su corrido en voz de Los Fronterizos:

Año del setenta y uno,
Laredo se estremeció
cuando el cadáver de Cuco
en el monte apareció.
Refugio Reyes Pruneda,
de Laredo el rey del hampa,
lo mataron a traición,
le tendieron una trampa.
Semidesnudo dormía
la noche que lo mataron,
los balazos que tenía
sus ropas no perforaron.
Pocas eran las personas
que se acercaban al rancho,
para poder agarrarlo
solamente con un gancho.
Cuentan que fue una mujer,
a quien Cuco visitaba,
la que le brindó placer
y después lo traicionaba.
Sus amigos lo recuerdan
como un amigo merece,
sus familiares lo lloran
en el kilómetro trece.

Transcribo la balada (casi) íntegra porque me parece de una vivacidad y una economía narrativa insuperables: al tópico clásico del antihéroe traicionado por una amante, añade el *pathos* y la curiosa obscenidad del hombre que es acribillado desnudo. La imagen me recuerda un romance de Luis de Góngora donde la amante dice al caballero que yace junto a ella de madrugada, y que de pronto tiene que salir a enfrentarse con los moros: "Bien podéis salir desnudo, / Pues mi llanto no os ablanda, / Que tenéis de acero el pecho, / Y no habéis menester armas".

Algunas crónicas periodísticas de la época coinciden en señalar que el cadáver de Refugio tenía 30 disparos de Luger. Para la voz popular, se trató de una venganza perpetrada por el comandante Everardo Perales en nombre de sus compañeros asesinados en La Siberia, pero esto discrepa de la realidad: Perales no arribó a Nuevo Laredo sino hasta la primavera de 1972, cuando Cuco llevaba más de un año muerto. Tal vez Juan Nepomuceno Guerra Cárdenas haya tenido mayor responsabilidad en el suceso, aunque tampoco hay evidencia sólida que avale mi conjetura. Los hechos del Laredo Rojo carecen de la secuencia mínima que demanda la retórica, son eventos caóticos o, mejor, poseen una lógica más sutil que la de las películas y los corridos. Una lógica que, hasta cierto punto, intento reproducir en estas páginas. Como dice el personaje de Armin Mueller-Stahl en la película *The International* (2009): "Ésa es la diferencia entre la ficción y la realidad: la ficción tiene sentido".

Las guerras son también mercados de secretos. Simona Pruneda no tardó en comprar la información de que el asesino de su hijo había sido un exparacaidista de infantería oriundo de Tennessee que andaba involucrado en el trasiego aéreo de heroína. Cuenta una crónica sin firma publicada en la revista *La Nación* que los cadáveres de este exmilitar (cuyo nombre nunca fue revelado) y de uno de sus socios fueron hallados en marzo, en el establo de un rancho abandonado, cerca de Nuevo Laredo. El sicario tenía 90 proyectiles en el cuerpo, tres por cada uno de los que Reyes

Pruneda recibiera. Al amigo, un desertor del ejército gringo también involucrado con el clan de Los Gaytán, le dieron 60 tiros.

A simple vista, y para tranquilidad del concepto de nación con el que el PRI quiso educarnos, los sucesos expuestos hasta aquí bastarían para explicar por qué la violencia gangsteril se agudizó en Nuevo Laredo durante los tres años siguientes. Sin embargo, hay por lo menos otro detonante, uno conformado a su vez por dos puntos ciegos en la manera en que la tradición popular refiere la leyenda de Del Toro. El primero es la distribución de estupefacientes al norte del río Bravo. El segundo es la implicación de las familias decentes y de los núcleos de poder político de la Ciudad de México en las actividades delictivas fronterizas.

4.

La historia complementaria (según he podido rastrearla en relatos parciales firmados por la dupla Moore & Holland en el *Texas Monthly*, Franco Nencini en la revista española *Blanco y negro*, y Froylán Enciso en un artículo publicado en *Noticias de Caborca* el 12 de junio de 2012) va más o menos así:

A mediados de 1970, en San Antonio, Texas, la policía local irrumpió en la habitación de un lujoso hotel y aprehendió a un narcotraficante mexicano que estaba en la compañía de dos mujeres y en posesión de una maleta con 89 libras de heroína: un alijo valuado en más de 40 millones de dólares y con un peso apenas ocho libras por debajo del legendario cargamento incautado en la película *The French Connection*. El narcotraficante en cuestión era el coronel Manuel Suárez Domínguez, director en funciones de la policía judicial federal mexicana y figura central en el esquema de seguridad del régimen de Gustavo Díaz Ordaz. Tras su arresto, Suárez Domínguez fue trasladado a una cárcel texana, donde al poco tiempo se suicidó (o al menos eso establecen los informes oficiales) cortándose la garganta.

Meses después, la noche del 26 de agosto de 1971, otro hombre escondió 24 libras de heroína en las llantas de un automóvil Dodge modelo 1970 placas 57-PXF y condujo desde Nuevo Laredo hasta la garita fronteriza. Los aduanales de turno habían recibido un pitazo al respecto, por eso el oficial Dean C. Scheaffers y el teniente L. Lewer revisaron minuciosamente el auto hasta encontrar la droga. El conductor del Dodge fue arrestado. Cuando lo interrogaron, dijo que vivía en la Ciudad de México, en la calle Agua número 204; que trabajaba como agente teatral; que no sabía nada del cargamento incautado, y que se llamaba Luis Alberto Azcárraga Milmo. Aunque no existe evidencia definitiva, la conjetura más obvia es que se tratase de un hermano de Emilio Azcárraga Milmo, futuro presidente del consejo directivo de Televisa y uno de los empresarios más boyantes de México.

Antes de que Luis Alberto Azcárraga fuera trasladado a la prisión del condado de Webb, los aduanales hallaron entre sus pertenencias un papelito con los teléfonos de un viejo conocido de las autoridades texanas: Jesse Santoy.

No es nada halagüeño el retrato que Moore & Holland hacen de Santoy: barrigón, tartamudo, medio calvo, paranoico, escurridizo y con un habitual atuendo de trailero. Así y todo, su habilidad financiera y sus contactos a ambos lados de la frontera lo habían colocado a la cabeza de Los Dones, la organización chicana responsable de distribuir los embarques de droga al sur de la Costa Este. Entre sus interlocutores estaba Carlos Marcello, el jefe mafioso de Nueva Orleáns que figuró entre los sospechosos de conspirar en el asesinato de John F. Kennedy.

Un reducido escuadrón de policías de San Antonio liderado por Big Bill Weilbacher y completado por Harry Carpenter y Tommy Lauderdale llevaba meses cazando a Santoy a través de una red de informantes integrada por yonquis, mulas y narcomenudistas a los que extorsionaban con acusaciones ciertas o falsas. Es probable que de ese cerco proviniera el soplo que llevó a la detención de Azcárraga y la posterior orden de aprehensión girada en contra de Jesse. Entre el otoño del 71 y el verano del 72, Jesse Santoy anduvo a salto de mata: huyó de la policía a través de una ventana de su casa; fue capturado y tuvo que pagar una fianza de medio millón de dólares; pasó a una rara clandestinidad, ocultándose hasta de su propia gente debajo de una gorra de beisbol; unos paseantes encontraron su auto abierto y con manchas de sangre, lo que dio pie a la sospecha de que había sido ejecutado; una semana después se le vio salir ileso de un motel; luego, merced a una orden judicial, varios kilos de lactosa —sustancia usada para cortar heroína— fueron incautados de una de sus propiedades en Castroville Road, cerca del aeropuerto... Durante los días posteriores al cateo, cinco adictos de San Antonio murieron de sobredosis por inyectarse heroína 75 por ciento pura.

Luis Alberto Azcárraga Milmo huyó de prisión a finales de 1971 junto con otros internos mientras era trasladado a San Antonio. Algunas notas de prensa externaron la sospecha de que los reos habían contado con ayuda de los guardias. El caso Azcárraga/Santoy se estancó en los tribunales. Sin embargo, otro alegato por tráfico de drogas fue presentado contra Santoy ante el Gran Jurado por un condado de Luisiana, lo que mandó a Jesse de vuelta a la corte. Bill Weilbacher expresó más tarde a los cronistas del *Texas Monthly* su convicción de que Santoy quería salirse del negocio. Cosa que sucedió, aunque no de la manera que el detective imaginaba. En el verano del 72, Jesse Santoy tuvo una última reunión con su abogado; después, desapareció. De acuerdo con Moore & Holland, sólo en una ocasión volvió a vérsele. Viajaba de incógnito por España en compañía de su socio mexicano, Luis Alberto Azcárraga Milmo.

La violencia, que había prendido en Nuevo Laredo desde finales de 1970 tras las ejecuciones en el restaurante La Siberia, alcanzó por fin Sananton en septiembre del 71: el cadáver de Tony de La Garza, una mula de Los Dones, fue hallado en las calles de un barrio mexa. El cuerpo presentaba varios disparos. Desde el principio las sospechas de la policía recayeron en un primo de Jesse, líder emergente del clan y verdugo itinerante: Freddie Carrasco.

Tex Mex elegante e hirsuto —algunas de sus fotografías lo muestran con tremendo bigote y una mirada siniestra; viste sacos impecables, sombreros Bradford Western, pantalones con la raya marcadísima, corbatas de nudo Windsor y camisas tiesas de almidón—, Federico Gómez Carrasco nació en San Antonio en 1940 y se hizo un nombre como señor del narcotráfico a ambos lados de la frontera entre mediados de los sesenta y 1973. La dupla Moore & Holland dice que tenía "dos calibre .45 como parte de su guardarropa". Las autoridades gringas calculan que cometió unos 47 asesinatos de manera personal, esto sin contabilizar alrededor de una centena de personas que murieron ejecutadas bajo sus órdenes. Dio sus primeros pasos criminales en 1958, cuando disparó contra otro chico en un baile popular por una disputa de amores juveniles. En ese entonces huyó a Del Río, luego estuvo preso en Atlanta por un tema relacionado con estupefacientes y finalmente regresó a San Antonio, donde no tardó en llegar a ser el segundo de a bordo de Los Dones por la vía de ejercer como brazo ejecutor.

Freddie se hizo notar en San Antonio por haber dicho en una borrachera que planeaba asesinar al congresista estadounidense Henry B. Gonzales, quien por esas fechas había viajado de Washington a Texas con la intención de promover el apoyo federal a la investigación llevada a cabo por Weilbacher y su *crew*. El rumor fue desestimado por un reportero del periódico *Express News* por considerarlo una bravata, pero fue retomado por la publicación *Light*, lo que provocó un pequeño escándalo nacional que obligó a Carrasco a replegarse a Nuevo Laredo en el otoño de 1971. Fijó su residencia en una casa "que parecía una choza por fuera y el refugio de un *playboy* por dentro" (Moore & Holland). Aunque en varias ocasiones se declaró ajeno al terror que habría de conocerse como *Laredo Rojo*, lo cierto es que su arribo a territorio mexicano marcó el recrudecimiento de la matanza.

Mi interpretación de la cronología ideológica que desembocó en la primera guerra del narco —una interpretación, si se quiere, paranoica: no hay relato sin neurosis— es que el gobierno posrevolucionario estableció en la frontera norte de México una delincuencia organizada que funcionó durante décadas como paraestatal más o menos clandestina. Luego, durante los años sesenta, y mientras surgían en el país movimientos opositores y guerrillas, aparecieron también grupos criminales que rompían el pacto histórico con las autoridades en un afán eminentemente capitalista. Hasta que, a mediados de 1970, surgió una coyuntura favorable a los clanes: un miembro prominente de la narcopolítica —Manuel Suárez Domínguez— fue detenido en el extranjero, lo que conllevaba los mensajes implícitos de que había un contratiempo gerencial momentáneo en la estructura de seguridad nacional y de que las autoridades federales mexicanas no eran intocables. Desde esta óptica, no es difícil comprender el atrevimiento de Cuco Reyes Pruneda al asesinar en La Siberia a los judiciales Rafael Hernández y Álvaro Díaz: había un palpable vacío de poder en los cuerpos policiacos. El arresto en Estados Unidos de un probable miembro de una familia empresarial prominente en México, aunado al desmantelamiento parcial de la estructura de distribución en Texas, debió suponer un cambio de funciones, territorios y alianzas (con sus respectivas traiciones) entre narcos: todo ello tierra fértil para la guerra. En resumen, mi aventurada hipótesis es que la causa subyacente de la violencia en el viejo Nuevo Laredo fue que las autoridades mexicanas perdieron el control de la narrativa.

En la primavera de 1972, la Procuraduría de Justicia envió a la plaza a un nuevo comandante de la Judicial Federal:

Everardo Perales. Era nativo de Allende, Coahuila, por lo que estaba familiarizado con la cultura ribereña. Su misión era meter en cintura a los Reyes Pruneda y los Gaytán, incautar la mayor cantidad posible de droga para lavar la imagen de su institución ante los gringos, y restablecer el control de la ilegalidad por parte del Estado. Todo esto en connivencia, asumo, con el clan Guerra Cárdenas, que nunca en el transcurso del conflicto fue importunado por las fuerzas federales.

Durante seis semanas, Everardo Perales llevó a cabo su encomienda con éxito: requisó tres toneladas de marihuana y otras sustancias, encarceló pistoleros de ambas mafias, y lideró por parte del gobierno de México una estrategia binacional llamada Operación Cooperación, en la que, por primera vez desde la época de Pershing y la Expedición Punitiva en busca de Pancho Villa, se autorizó la presencia de cuerpos armados extranjeros en suelo mexicano. Tan feroz fue el desempeño de Perales que logró lo impensable: aliar a los clanes del crimen en su contra. Los Reyes Pruneda, los Gaytán y quizá Freddie Carrasco (aunque él siempre lo negó) se reunieron y acordaron ponerle precio a la cabeza del comandante. Para cumplir el encargo, mandaron traer especialistas al norte de la frontera.

La noche del 28 de junio de 1972, el Camaro de Everardo Perales se vio envuelto en una persecución. Un Mustang le salió al paso a 140 kilómetros por hora y le roció un par de tambores de metralleta Thompson. Un testimonio recolectado por Franco Nencini afirma que Perales "ni siquiera había tenido la oportunidad de empuñar la carabina que siempre llevaba consigo en el asiento". Tras las primeras ráfagas, los sicarios lograron reducir la velocidad, aproximarse al mueble de Perales y disparar con puntería notable, alojando cuatro balas de Smith & Wesson calibre .45 en el cráneo del jefe judicial.

Bajo la óptica de Nencini, la aventura de Perales tiene un final amargo y ambivalente: asegura el cronista que la viuda tuvo que velar los restos en soledad y abandonar después el pueblo llevando éstos consigo, como si la estética del *western* fuera inherente al hecho de vivir y morir en Nuevo Laredo. Las autoridades locales escatimaron al comandante cualquier tipo de homenaje. Según las habladurías, se sospechó que era corrupto. Eso no fue obstáculo para que el gobierno federal se decantara por una respuesta definitiva contra los clanes neolaredenses que lo victimaron: despachó rumbo al puerto fronterizo a uno de sus mejores elementos, el licenciado Del Toro.

5.

Sólo conozco una foto del Fiscal de Hierro; dicen que no le gustaba posar. Aparece de pie en un restaurante junto a otros comensales. Tendría por esa época unos 50 años y muestra un vago parecido con el actor Mario Almada, quien años más tarde habría de representarlo en el cine: es de cuerpo enjuto, lleva una chaqueta de cuero negra, lentes oscuros —debajo de los cuales imagino unas marcadas ojeras— y un magro bigote entrecano. No hay asomo de sonrisa en su rostro. Ya por entonces se había forjado un nombre como persecutor metódico de insurgentes.

El relato detallado de la carrera judicial de Salvador del Toro Rosales se encuentra en *Testimonios*, obra autobiográfica publicada en 1996 por la Universidad Autónoma de Nuevo León. Pude acceder al volumen (más de 500 páginas de texto acompañadas de una impresionante colección de fotografías) gracias a mi amigo Antonio Ramos Revillas, quien me facilitó una copia. El libro nunca se reeditó. Es una lástima: contiene información de primera mano sobre los movimientos sociales de México entre 1964 y 1974. Podría emparentársele con las *Memorias* de Gonzalo N. Santos, salvo que Del Toro aborda un periodo histórico distinto, se tiene a sí mismo en exagerada estima, y es repetitivo y pachorrudo al narrar; su prosa carece de la soltura y el cinismo de la del exgobernador.

En contrapartida, don Salvador aporta una visión de peculiar simpatía hacia los opositores al régimen, presenta un considerable acervo hemerográfico y sobre todo arroja luz sobre una de las prácticas profesionales más denostadas y ambiguas de la cultura latinoamericana del siglo xx: la del interrogador. El relato comienza en 1964, durante las ocupaciones pacíficas de latifundios por parte de los campesinos de Chihuahua y las protestas de los jóvenes maestros rurales en la capital de ese estado. Del Toro arribó como agente del ministerio público para procesar los delitos federales de los que se acusaba a jornaleros y líderes sociales detenidos. Desde el inicio de su periplo, se reveló como un gran observador del trasfondo psicológico de los rasgos ajenos. Describe por ejemplo el efecto de debilidad que daba su aparato para la sordera al licenciado Hipólito Villa Rentería, procurador de justicia del estado, quien por lo demás era idéntico a su padre, el Centauro del Norte.

Se entrevistó con los diversos actores del conflicto, desde la policía y los presos hasta el gobernador del estado, el general Praxedes Giner Durán. El fiscal exhibe cierta animadversión hacia los vetustos líderes que se habían adueñado de la Revolución mexicana, corrompiéndola. Pinta a Giner como un mafioso autoritario y paranoico que insiste en torcer las leyes para castigar a sus opositores y que confunde la crítica ciudadana con la alteración del orden. Uno se pregunta qué tan a posteriori se generó en don Salvador este prurito, toda vez que fue un ejemplar policía del régimen durante la mayor parte de su vida. Lo cierto es que su relación con el gobernador de Chihuahua fue mala de inmediato, y cuando éste le pidió que fabricara delitos federales contra los manifestantes Del Toro se negó. Añade al final del encuentro:

a mí me faltaba conocer los argumentos de la otra parte: los campesinos, los estudiantes y quienes los dirigían. Tras ese objetivo, me puse a trabajar como de costumbre: sin límite de tiempo, consumiendo tres cajetillas de cigarrillos diariamente y muchas tazas de café, siempre a medio comer, con puros tacos y tortas.

Lo que viene después (y lo consigno aquí porque refleja el ritmo mental del personaje) es una morosa descripción de las oficinas constantemente visitadas por grupos de manifestantes, el ruido de la máquina de escribir, las citas exactas: es perceptible que conservó consigo la mayor parte de sus archivos hasta el final de su vida y que los tenía a la mano cuando redactó sus memorias. Lo que presenta muchas veces como diálogos entre personajes posee en realidad el detalle y la pompa de una deposición ministerial.

En un tono casi opuesto al de estos diálogos maximalistas, Del Toro practica otra clase de mimesis; retratos fulminantes, ya sea para celebrar o para denostar a sus personajes: la voz tipluda e incomprensible de orador fracasado del doctor Pablo Gómez Ramírez, uno de los beligerantes chihuahuenses; el dejo casual, entre viril y afable, con el que el joven líder magisterial Arturo Gámiz García descansaba uno de sus pies contra el muro mientras aconsejaba a los campesinos...

Luego de un temprano éxito —ese otoño logró que su dictamen judicial excarcelara a los campesinos y estudiantes detenidos y que el gobierno federal enviara técnicos agrónomos a efectuar el reparto agrario—, Del Toro tuvo que lidiar con lo que él consideró la intransigencia de dos luchadores sociales (Saúl Chacón y Pablo Gómez) y los reparos de la clase política y los ganaderos del estado, que no estaban dispuestos a renunciar a sus privilegios. El cuadro fue complicándose hasta que, un año más tarde, el 23 de septiembre de 1965, un grupo guerrillero de trece personas encabezado por el doctor Gómez y por Arturo Gámiz asaltó el cuartel militar de Madera. En el fallido ataque murieron seis militares y ocho guerrilleros, entre ellos los dos cabecillas del movimiento. Dice uno de los testimonios que, cuando los cuerpos eran arrojados a una fosa común, el gobernador Giner exclamó: "¿Querían tierra? ¡Échenles hasta que se harten!". Del Toro, que procesó judicialmente los hechos, lamentó en particular la muerte de Gámiz García, a quien admiró y consideraba un "líder nato". Tras cerrar su expediente, volvió a la capital del país con una vaga sensación de derrota. Una de las frases que escribió en *Testimonios* resume esta experiencia: "la política y la justicia no se llevan, son algo así como el agua y el aceite".

No debió ser nuevo el pesimismo del abogado de cara a la relación entre el derecho y la política mexicana. En 1958, cuando se desempeñaba en un juzgado de Oaxaca, le tocó observar los intentos de Roberto Amorós de entorpecer por la vía judicial la carrera sindicalista de Demetrio Vallejo. Luego, en 1961, fungió como interrogador de algunos de los detenidos en masa tras el fallido conato de asonada del general Celestino Gasca Villaseñor, un curioso movimiento digno de una novela de Jorge Ibargüengoitia: viejos exmilitares sin una base social que se reunían los domingos a almorzar y de paso a dizque conspirar contra el presidente López Mateos. Sin decirlo del todo, don Salvador deja entrever en su relato que la mayoría de los veteranos que acudían a las reuniones de Gasca aspiraban, más que a incendiar el país, a echarse un taco: eran ancianos famélicos.

Luego de los eventos de Madera, le tocó ir a Sonora en 1967 en calidad de observador y consejero del ministerio público tras la rebelión universitaria. Había oposición contra la candidatura al gobierno estatal de Faustino Félix Serna, un movimiento que enfrentó a campesinos y soldados contra estudiantes y dejó un saldo de siete muertos, 96 heridos y 198 encarcelados. Ese mismo año, tuvo a su cargo el procesamiento e interrogatorio del librero Javier "Popoca" Gutiérrez, quien fuera hallado en su librería El Primer Paso de Iztapalapa, Distrito Federal, en posesión de propaganda subversiva. La redada reveló la participación del diputado federal y homeópata sedicente Rafael Estrada Villa, quien había logrado extender una tortuosa red guerrillera en la sierra de Guerrero. Hasta ese estado se trasladó el futuro Fiscal de Hierro junto con otros colegas, recorriendo en helicóptero comunidades semiabandonadas en busca de rastros de Estrada Villa: una odisea que bien podría leerse como trasunto aéreo de *El corazón de las tinieblas*. El pasaje es apasionante y muy vívido: incluye un recorrido por la sierra en compañía de su homónimo, el general Salvador Del Toro Morán; la confesión de los orígenes espurios de su primer apellido, malversación del apodo Toro de Ateneo impuesto a un antepasado suyo, jarocho él; la muerte a balazos del acapulqueño Rey Lopitos, líder de colonos y empleados de tortillerías; entre otras perlas dramáticas, fársicas y cómicas. Pero eso es material de una crónica distinta.

Las aventuras hilvanadas en *Testimonios* poseen el fuelle de un *thriller* político narrado con excesiva seriedad, aunque de cuando en cuando el autor condesciende a un humor kafkiano no del todo involuntario. En el pasaje de Sinaloa, por ejemplo, describe el estado alternativo de ira y postración nerviosa en el que se hallaba el gobernador Espino, condición a la que "contribuyó eficazmente" el delegado estatal del PRI, Domingo García López,

> pues a cualquier hora de la noche o la madrugada le llamaba [al gobernador] con urgencia por teléfono, sólo para darle lectura e información de la propaganda donde lo insultaban soezmente, asegurándole que tenía conocimiento de un grupo de estudiantes que estaba preparando su ejecución, la que podía ocurrir en cualquier momento, recomendándole tomar las medidas precautorias.

Aunque en todo momento se muestra compasivo y atento (al menos en la prosa) con los individuos a quienes investiga, Del Toro jamás pierde de vista el objetivo de erradicar la insurgencia mediante proceso judicial. Su actuación no fue distinta ante los sucesos que desembocaron en la Noche de Tlatelolco.

Nos ahorro el consabido resumen del movimiento estudiantil de 1968: cualquiera sabe, a grandes rasgos, qué pasó.

Durante la última etapa del movimiento, a finales de septiembre, el doctor Eli de Gortari fue aprehendido en su carácter de representante de los maestros de la UNAM ante el Consejo Nacional de Huelga. Del Toro lo entrevistó en Lecumberri. Cuenta que el profesor lucía nervioso y agotado por causa del hambre y la diabetes. El fiscal ordenó que le dieran una torta de jamón con queso y un refresco ("de lo mismo que nos daban") y procedió a levantar su declaración. También interrogó al agrónomo, editor y luchador social Manuel Marcué Pardiñas.

Cuando la policía sacó de su celda al ingeniero Marcué y lo trajo ante mí para tomarle declaración, venía desconcertado y aturdido. Antes de que iniciara la diligencia, él se quedó viendo por la ventana largo rato. Observó el movimiento de las gentes y los coches en la calle, y luego me dijo: "¿Cómo es posible que los comercios estén abiertos, circulen los automóviles y camiones y la gente camine como si nada hubiera pasado? Hace apenas unos días el ejército tomó por la fuerza la ciudad universitaria y miles de estudiantes están presos como yo, sin cometer delito alguno. ¿Dónde están sus familiares, nuestros amigos y el pueblo que se solidariza con el movimiento? ¿Acaso son todos ellos, los que se pasean por la calle con indiferencia? ¡Esto es inaudito! ¡Esto solo es posible en México!".

Consigna cómo fue torturado, a partir del 27 de septiembre y en el Campo Militar Número Uno, "el más valiente de los estudiantes" (son palabras del fiscal): Luis Tomás Cervantes Cabeza de Vaca, alumno de Chapingo. Afirma —como años después repetiría de manera oficial ante el ministerio público— que el entonces joven "fue despiadadamente atormentado y sujeto a simulacros de castración y fusilamiento para obtener su declaración imputativa en contra del profesor Juan Gil Preciado, secretario de agricultura en el gabinete del presidente Díaz Ordaz."

Después del 2 de octubre, Del Toro tuvo a su cargo el interrogatorio de varios de los líderes estudiantiles, entre ellos Sócrates Campos Lemus, históricamente señalado como el gran traidor al movimiento. También le tocó acatar una peculiar orden sexista del general García Barragán, secretario de la Defensa Nacional:

> En el campo militar tenemos alojadas a un montón de viejas que nada más nos están estorbando. Quiero que vayan ustedes, hablen con ellas y las que nada tengan que ver con el mitote, que se vayan a sus casas, y aquellas otras que andan en la bola, pues ya verán ustedes qué se hace con ellas; pero yo no las quiero aquí, porque es mucha responsabilidad tenerlas en un campo militar.

Las historias que consigno (y muchas más: los halcones, el compañero Pedro, el Movimiento de Acción Revolucionaria, la cacería humana en Sonora) eran agua pasada cuando, a mediados de 1972, Salvador del Toro Rosales arribó a Nuevo Laredo con la encomienda de poner fin a la primera guerra del narco. Lo curioso es que ninguna de sus actividades durante la etapa fronteriza aparece relatada en su libro *Testimonios*: la narrativa salta de febrero de 1972 a septiembre de 1973. La información que existe al respecto de este encargo proviene siempre de fuentes alternas.

Contrapuesto a dichas fuentes, el retrato que el Fiscal de Hierro construyó de sí mismo al narrarse en los procesos previos suena a falsificación. Quienes lo conocieron al frente del exterminio del clan Reyes Pruneda —tanto si lo celebran como si lo denuestan— lo percibieron en forma unánime como un policía implacable, maquiavélico y propenso a la violencia.

Me pregunto hasta qué punto esto tiene que ver con la idealización y justificación propias de cualquier autobiografía, y en qué medida el cambio de personalidad obedece al diferente delito que se perseguía en cada caso.

En "La frontera ensangrentada de la droga" (revista *Blanco y negro*, enero de 1973), Franco Nencini afirma haber entrevistado al Fiscal de Hierro. Al ser cuestionado sobre el asesinato de Everardo Perales, Del Toro respondió: "Lo vengaremos, y cuando detengamos a sus asesinos habremos dado, a la vez, un golpe mortal a la mafia de las drogas". Llama la atención el proyecto de *venganza* puesto en voz de un representante de la justicia. Habrá sido —conjeturo— un *gap* inconsciente de sus órdenes secretas. En la misma entrevista, el funcionario añade: "Nosotros trabajamos de acuerdo con los agentes norteamericanos, pero aquí sus métodos no van bien. Y cuando llegan, desarmados, no ven la hora de regresar al otro lado de la frontera". La voz de *sheriff* del Viejo Oeste resuena como una advertencia, tanto para los gringos como para los narcotraficantes: la batalla por Nuevo Laredo tenía que librarse a punta de pistola.

En un artículo publicado el viernes 27 de marzo de 2015 en el periódico digital *Despertar de Tamaulipas*, Francisco Pucheta describe una de las estrategias empleadas por Del Toro para rastrear a los Reyes Pruneda, quienes se habían ocultado en la sierra de Sabinas Hidalgo:

> tres reos del penal de La Loma encausados por narcotráfico salieron por la puerta grande del reclusorio para participar en el exterminio de la peligrosa banda [...]: Eliézer N. alias *El Perro*, Juan N. (a) *La Torta* y Tobías N. (a) *La Huila* asumieron el papel de sabueso para ubicar a doña Simona y a toda su prole [...]. La DEA colaboró estrechamente en los operativos [...]. "¿Cómo piensa usted acabar con los narcos que andan por ahí sueltos, desafiantes, sin pudor sembrando el pánico entre la población y matando inclusive a policías y comandantes?". El

hombre cincuentón se apoltronó en su sillón forrado de piel café desgastado por el uso y replicó: "Sencillo: con la gente de su misma ralea, la que ha delinquido menos que ellos, pero que a la vez conoce sus terrenos y desplazamientos [...]".

Prevenido de que un contrato de muerte pesaba sobre su cabeza, Del Toro implementó la estrategia de jamás dormir en Nuevo Laredo: cruzaba cada noche la frontera, hospedándose —dicen— en moteles de paso esparcidos por el sur de Texas, de pueblo en pueblo, a salto de mata, decidiendo de última hora dónde pernoctar y comunicándoselo exclusivamente a sus hombres de confianza. Al llegar al hospedaje, planeaba a detalle su itinerario del día siguiente: dónde golpear, a quién arrestar, cuándo entrevistarse con los agentes de la DEA, a quién acudir en busca de nueva información...

No tardó en explotar la olla de grillos. Ese mismo verano, el cadáver de Pedro Torres, lugarteniente de uno de los clanes, fue encontrado a orillas del río Bravo con la cabeza cortada a machetazos. Luego el cuerpo de Héctor Alonzo, mula de trasiego, apareció en un camino vecinal cercano al ferrocarril con 37 impactos de bala. Cuatro desconocidos entraron al amanecer a la casa de un oficial de aduanas, sacaron de la cama a una niña de ocho años y la obligaron a señalar el cuarto de su padre; el hombre recibió quince escopetazos delante de su hija. Otro oficial de la aduana incautó un tráiler cargado de televisores a color y electrodomésticos que iba de Estados Unidos a México, quizás en calidad de pago parcial por los envíos de droga. La foto del héroe apareció en los periódicos locales. Dos días más tarde fue acribillado cuando regresaba a su casa del trabajo.

José Jiménez Lazcano, vendedor de autos de quien se sospechaba era informante de la policía, sufrió un par de atentados, el segundo de los cuales fue perpetrado mediante una ráfaga de metralleta desde un Mustang amarillo último modelo en marcha. Jiménez logró salvarse y huyó a Chicago. El cliente al que atendía en ese momento no tuvo tanta suerte: cayó abatido por los disparos. Era la víctima número 86 del Laredo Rojo. De acuerdo con cifras publicadas por la revista *Time* en septiembre de aquel año, quince de estas ejecuciones correspondían a abogados de la ciudad.

Freddie Carrasco, el nuevo líder de Los Dones que había mudado su residencia de San Antonio a Nuevo Laredo, no iba a esperar a que lo arrestaran o mataran. La presión para encontrar a los presuntos responsables de la muerte del comandante Perales era mucha, y él (culpable o no) se sabía miembro de esa lista. Levantó sus bártulos y se desplazó hacia el sur. Durante algunas semanas, el reportero del *Express-News* Wilson McKinney dio cuenta de sus avances en territorio mexicano, así como del ascenso de un nuevo lugarteniente suyo, Pete Guzmán. Las cosas deben haberse puesto tensas entre Carrasco y Guzmán, porque este último robó un pasaporte y regresó a San Antonio desde San Luis Potosí. Se sabe que Freddie se estableció poco después en Guadalajara, desde donde siguió enviando embarques de heroína, cocaína y marihuana a Estados Unidos.

El 13 de agosto de 1972, cerca del amanecer, el licenciado Salvador del Toro Rosales se apersonó en el rancho Los Cuatro Vientos, en el kilómetro 13 de la carretera federal a Monterrey. Iba en compañía de elementos del 45 Batallón del Ejército Nacional, agentes de la DEA y un grupo de policías judiciales federales. Llevaba una orden de cateo. Contra lo esperado, la resistencia que encontró la autoridad no fue mucha: sólo dos de los miembros del clan Reyes Pruneda, Juan y Roberto, de 14 y 16 años, salieron disparando ametralladoras. Cayeron enseguida bajo el fuego de los soldados.

En el rancho —cuenta Franco Nencini— se encontraron 171 cartuchos de dinamita, una tonelada y media de marihuana, un verdadero "parque" de coches veloces y camionetas, un pequeño arsenal de fusiles con mira telescópica, fusiles ametralladores, pistolas Luger, cien mil pesos y dólares falsos. Había también un molino especial y prensas hidráulicas para la fabricación de cigarrillos de marihuana; moldes de una libra para el opio y de cinco kilos para la marihuana; y, en fin, un vasto surtido de uniformes de policía y aduanero.

En el kilómetro 13 fue arrestada la fabulosa Simona Pruneda, el Padrino con Faldas, de 72 años de edad. Nencini la describe —jamás la vio en persona: tuvo acceso a una imagen de ella que tomó un tal Gutiérrez, fotorreportero local— como "una señora andrajosa, sucia como una bruja, llevando en brazos a su nieta Consuelo, la hija de Refugio". Mientras el Fiscal de Hierro presentaba teatralmente a su presa mayor frente al Tercer Tribunal de Distrito, la prensa preguntó: ¿Conoce a los *gangsters* de la ciudad? Simona respondió:

—No conozco a ninguno, sólo a mi familia. Ayer me mataron a dos nietos, ¿qué más quieren de mí?

—¿Conoce la marihuana? —insistió uno de los reporteros.

—Jamás he sentido ni siquiera su olor —repuso la anciana.

A los pocos días se presentó ante Salvador del Toro Rosales un colega suyo: el licenciado Francisco Bernal López, conocido en la ciudad como el Abogado del Diablo. Bernal había iniciado su carrera como especialista en divorcios, pero al notar el incremento del trasiego de droga en Nuevo Laredo, decidió cambiarse al giro más próspero del derecho penal. Algunos periodistas de la época y multitud de rumores lo señalaban desde el principio de la guerra como una suerte de padrino sigiloso: el capo secreto del clan Reyes Pruneda. Él mismo llegó a declarar ante el periodista Bernard Dietrich que "esta ciudad está en manos de dos o tres gentes. No puedo mencionar nombres. Son líderes civiles y gente decente en este momento. Claro que han matado y han sido contrabandistas".

De acuerdo a lo publicado por alguna prensa de la época, el licenciado Bernal intentó sobornar a Salvador del Toro con 500,000 pesos a cambio de la libertad de Simona. La respuesta del agente del ministerio público fue expedita: puso a Francisco Bernal López tras las rejas bajo el cargo de intento de cohecho. Este acto, que debería considerarse normal por parte de un elemento del poder judicial, resulta tan extraordinario en México que, a partir de ese momento, Del Toro fue consagrado con el sobrenombre que ostenta hasta hoy: El Fiscal de Hierro.

No todos en Tamaulipas lo percibieron así. Algunos columnistas (y no pocos rumores) lo motejaron jocosamente como "Fiscal de fierros", dando a entender que recibía dinero sucio. Mi madre —de seguro influenciada por su amiga Bety, que odiaba a Del Toro porque en una de las redadas mataron a Menchaca, su marido— lo tenía por un cocainómano irredento que precisaba meterse un par de rayas antes de cada combate. Me queda claro que los principales promotores de estos retobos tienen que haber sido sus enemigos, derrotados y en fuga. Pero no quiero pasar por alto que existe al menos una razón justificada para la malquerencia: la impunidad de Juan Nepomuceno Guerra Cárdenas, capo del futuro Cartel del Golfo, quien desde la vecina ciudad de Matamoros se benefició a manos llenas con el exterminio de su competencia en Nuevo Laredo.

Mientras todo esto ocurría en la frontera entre México y Estados Unidos, la Policía Judicial Federal irrumpió en la mansión de Freddie Carrasco en Guadalajara el 20 de septiembre de 1972 e incautó 213 libras de heroína valuadas en 100 millones de dólares: golpazo. A la misma hora, el gordo policía de Sananton Bill Weilbacher se hallaba en tierras tapatías realizando una diligencia. ¿Casualidad? No lo creo.

Big Bill visitó a Carrasco en los separos.

—Nunca pensé que me alegraría verte —dijo sinceramente el narcotraficante.

Tenía razones para temer por su vida: su medio hermano, Roberto Zamora, quien había sido aprehendido en su compañía, fue encontrado muerto en su celda. Se alegó suicidio, pero las señales de que la policía mexicana quería deshacerse de todo lo que oliera a Laredo Rojo y al asesinato del comandante Everardo Perales estaban por todas partes. Freddie y su gente rindieron declaración ministerial el 26 de septiembre de 1972. El jefe de Los Dones negó toda imputación. En cambio, su subalterno Benito Juárez Meléndez admitió que era parte de una organización dedicada al trasiego de enervantes. Asimismo, señaló a Pedro Gaytán Elías y Fermín Reyes Martínez como los autores intelectuales de la ejecución de Perales, rechazando la responsabilidad de Freddie en este delito particular.

Pocos días después, en un giro clásico del sistema penitenciario mexicano, Freddie escapó de una cárcel tapatía por la puerta de enfrente tras retacar de dólares las manos de sus captores. Regresó a San Antonio. A partir de ese momento, los últimos meses de su vida se convirtieron en una truculenta espiral de venganzas, persecuciones, tiroteos y asesinatos que me gustaría detallar aquí, pero que —como tantas historias que se cruzaron en el camino del licenciado Salvador del Toro Rosales— pertenecen a otra extensa novela de iniquidades. Baste decir que Freddie fue traicionado por Los Dones, emprendió el proyecto unipersonal de ejecutar a cada uno de sus otrora subalternos y en el proceso de concretarlo fue arrestado por su némesis, el policía texano Bill Weilbacher. Freddie Carrasco murió acribillado en la prisión de su ciudad natal a principios de 1973, durante un intento de fuga.

De acuerdo con un despacho diplomático publicado en Wikileaks, el 22 de marzo de 1973 (nueve meses después de haber sido asignado a la plaza), Salvador del Toro Rosales concretó el arresto de Miguel Elías Gaytán, mejor conocido como Pedro Gaytán Elías, líder del clan que llevaba su apellido. El narcotraficante tenía en su poder 868 kilos de marihuana al momento de su aprehensión. Con este golpe quedaron prácticamente desmanteladas las mafias rebeldes de Nuevo Laredo. Lo último que restaba al Fiscal de Hierro para salir de la plaza con un récord perfecto y una venganza consumada era ejecutar una orden de aprehensión contra el segundo autor intelectual del homicidio de Everardo Perales: Fermín Reyes Martínez, quien hasta ese momento continuaba prófugo en la sierra de Sabinas Hidalgo. Lo que no sabía Del Toro es que el destino (o el gobierno de México o la guerrilla urbana) le tenía deparado otro final a esta historia.

El 17 de septiembre de 1973, alrededor de las nueve de la mañana, en la esquina de las calles Villagrán y Luis Quintanar, en la colonia Bellavista de Monterrey, Nuevo León, un grupo de hombres armados interceptó el automóvil Galaxy negro de modelo antiguo en el que viajaba Eugenio Garza Sada, hijo del fundador de la Cervecería Cuauhtémoc, líder del grupo de burgueses que creó en 1943 el Instituto Tecnológico y de Estudios Superiores de Monterrey, presidente de uno de los conglomerados empresariales más importantes del país, filántropo y notoria figura opositora al régimen de Luis Echeverría. Garza Sada estaba en compañía de su chofer, Bernardo Chapa Flores, y de Modesto Torres Briones, quienes repelieron a tiros lo que ahora sabemos era un intento de secuestro que terminó con la muerte de cinco personas, entre ellas la del industrial regiomontano.

Ese mismo día, y por órdenes del Procurador General de la República, Pedro Ojeda Paullada, el Fiscal de Hierro canceló la conferencia de prensa que tenía programada en Nuevo Laredo y se trasladó a Monterrey para hacerse cargo de la investigación.

Se sabía la identidad de tres de las personas abatidas en el tiroteo: el propio Garza Sada, su chofer y su ayudante. Para conocer quiénes eran los otros dos difuntos, la policía divulgó sus fotografías a través de la prensa local. No tardó en presentarse la señora María Silería Valdez a reclamar el cuerpo de su esposo, Javier Rodríguez Flores, ferrocarrilero oriundo de Nuevo Laredo. Poco después se descubrió, también gracias a la prensa, que el segundo cadáver era el de Hernando Martínez, de Chihuahua.

Otra línea de investigación propuesta por la DFS (cuyos estrategas, según consta en documentos oficiales, estaban enterados de antemano de la posibilidad del secuestro) condujo al arresto de Armando Iracheta Lozano, Cresencio Gloria Martínez, Héctor Francisco Gutiérrez y Ernesto Vázquez Laguna, todos ellos de Nuevo Laredo. Cuenta Del Toro que los sospechosos estaban aterrorizados, en parte porque temían un linchamiento, y en parte por las torturas que sufrieron a manos de los agentes de la DFS, quienes se habían ensañado en particular con uno de los detenidos quemándole las nalgas con papel periódico. Así y todo, nadie confesó.

Los federales volvieron a la calle en busca de pruebas o testigos. Fueron a la esquina de Villagrán y Quintanar, donde se encontraba la miscelánea El Centavito, e interrogaron otra vez, uno por uno, a los testigos. Cuenta Del Toro que en esta segunda visita llamó su atención una güerca de unos doce años; parecía muy concentrada en el relato y, cada tanto, interrumpía o contradecía las versiones de los adultos. Por una corazonada, el fiscal silenció al resto de la gente y le pidió a la niña que describiera lo que vio. "Cuando empezó a narrar lo sucedido me fui de espaldas —dice—: se trataba de una testigo presencial de los hechos con una mente fotográfica extraordinaria."

El Fiscal de Hierro trasladó a la menor a su oficina, donde la interrogó pausadamente. Ella le contó que vivía en compañía de su madre, su padrastro y un hermano menor. Que tenían su vivienda a media cuadra de la tienda El Centavito. Que todas las mañanas, por instrucciones de su madre, salía a barrer la banqueta. Que el día de los hechos realizaba su quehacer cuando notó en la esquina, frente a la tienda, una camioneta blanca con el cofre levantado. Que dentro de la camioneta había una persona sentada al frente del volante. Que al lado del mueble estaba parada otra persona, recargada con un pie en la pared y con un envoltorio de papel periódico en las manos. Que en la esquina de enfrente, es decir junto a la tienda, conversaban otros tres individuos; que ellos también llevaban envoltorios de periódico en las manos. Que se le hizo raro que nadie le metiera mano a la camioneta para componerla. Que, al terminar de barrer, entró a su casa. Que su mamá la mandó a la tienda a comprar pan y leche. Que fue. Que en la esquina, cuando salía corriendo de El Centavito, se tropezó con el pie de uno de los señores que traían envoltorios de periódico en las manos. Que estuvo a punto de caer al suelo con todo y el mandado. Que después, casi en el momento de entrar a su casa, oyó el rechinido de las llantas y el ruido de los motores de unos coches que estuvieron a punto de chocar. Que, por curiosidad, volteó a ver lo que ocurría. Que se dio cuenta de que un automóvil negro estaba subido en la banqueta, con la portezuela del pasajero abierta, y que tres de los hombres que había visto antes apuntaban con rifles a los del carro, mientras que otros dos individuos, también armados, trataban de sacar a jalones a un señor grande de edad que se resistía tirándoles patadas. Que los de la tienda El Centavito bajaron la cortina de acero. Que se escuchó un balazo. Que dos de los hombres lograron arrastrar al señor grande de edad fuera del auto negro. Que se iba desangrando. Que se escucharon más balazos. Que los dos hombres que arrastraban al señor lo dejaron tirado a media calle y cayeron heridos. Que los otros señores dispararon muchas veces al interior del carro negro. Que los que dispararon recogieron de la calle a sus amigos, los treparon en la camioneta blanca y se alejaron rayando llanta del lugar.

El investigador preguntó a la niña si reconocería a alguno de los participantes del asalto. Ella contestó que sí.

Un oficial fue en busca de Armando Iracheta Lozano.

Cuando los pusieron frente a frente, la niña dijo:

—Pues cómo no. Este señor es el que estaba parado en la esquina cuando salí de la tienda, me tropecé con él y me ayudó para no caer al suelo.

Afirma Del Toro que Iracheta se derrumbó; tal vez se sorprendió, tal vez el ser expuesto por una criatura le impidió mentir, tal vez sólo estaba harto de aquel juego del gato y el ratón. Lo cierto es que confesó ser miembro de la liga comunista Espartaco, aceptó haber participado en el secuestro fallido y dio detalles de todo: cómo habían pasado las armas a través de la aduana de Nuevo Laredo (bajo las mismísimas narices del interrogador), cómo habían elegido a la víctima idónea por tratarse de un empresario que no usaba auto blindado ni escoltas, y cómo había uno de los secuestradores disparado accidentalmente contra la víctima, lo que desencadenó el infausto tiroteo.

Con base en este testimonio, todos los sospechosos recibieron condenas.

Del Toro cerró el caso de Eugenio Garza Sada y regresó a Nuevo Laredo el 5 de octubre de 1973. Su fama de enemigo mortal del clan Reyes Pruneda había sido opacada por su nuevo y resonante éxito. Aunque no hubiera sido así, de todos modos el rastro de Fermín Reyes Martínez se había enfriado durante su ausencia. Ya no era importante para las relaciones públicas del gobierno de México el mantener una figura tan destacada como el Fiscal de Hierro en Tamaulipas. Fue trasladado a Guadalajara, donde en 1974 estuvo a cargo de las indagaciones en torno al secuestro de José Guadalupe Zuno.

Fue así como terminó Laredo Rojo, la primera guerra del narco iniciada el 2 de noviembre de 1970 por Cuco Reyes Pruneda en el restaurante La Siberia.

★ ★ ★

Simona Pruneda Ayala murió en prisión poco después de su arresto, víctima de los achaques de la edad.

Francisco Bernal, el Abogado del Diablo, logró salir bajo fianza y huyó a España. Me pregunto si tendría una cita con Jesse Santoy y Luis Alberto Azcárraga Milmo. Siempre que los imagino juntos, recuerdo esa escena de *The Wire* en la que Spiros Vondas y el Griego descienden, impunes y alegres, por la escalera eléctrica que conduce a los infiernos. El 21 de octubre de 1991 fue arrestado por primera vez, a los 77 años y en una silla de ruedas, Juan Nepomuceno Guerra Cárdenas, el Padrino de Matamoros. No duró mucho en prisión: a los pocos días fue excarcelado por falta de pruebas y con una disculpa. Vivió una década más en la impunidad como decano del Cártel del Golfo: hasta el 12 de julio de 2001. El 21 de junio de 2015, el entonces gobernador de Tamaulipas, Egidio Torre Cantú, le rindió homenaje: inauguró una calle con su nombre en la ciudad de Reynosa.

Pedro Gaytán Elías salió de prisión en algún momento de los años noventa. En 2001 se le menciona como cómplice en una apelación sobre un caso de drogas relativa a un tal Salvador Cavazos, pero no he podido encontrar más datos al respecto.

En septiembre de 2002, Salvador del Toro Rosales fue testigo clave en las acusaciones contra el expresidente Luis Echeverría Álvarez por su dolosa actuación en contra del movimiento estudiantil de 1968. Del Toro se limitó a repetir lo que ya había puesto en papel de imprenta en su libro *Testimonios*. Así y todo, se trató de un momento histórico y catártico para México.

Desconozco el año de su muerte. Sé que residió en Monterrey la última etapa de su vida, retirado del servicio público. También sé que, poco antes de morir, le concedió una entrevista a Diego Enrique Osorno a propósito de la Guerra Sucia. En la transcripción, el Fiscal de Hierro suena lúcido y firme a pesar de ser ya un octogenario. Ésa es la imagen con la que quisiera despedirme de él.

De acuerdo a información publicada en los diarios *Reforma* y *La Jornada*, el 8 de octubre de 2005 fueron encontrados, en el interior del rancho RC de la brecha La Gloria, municipio de Anáhuac, en el kilómetro 150 de la carretera Monterrey-Nuevo Laredo, a 70 kilómetros de esta última ciudad, los restos de cuatro hombres ejecutados a tiros. Luego de recibir una denuncia anónima, los policías rurales se trasladaron al lugar, donde dieron —luego de mucho buscar — con una camioneta placas VZ93277 del estado de Tamaulipas. Estaba vacía. Cerca del vehículo avistaron una finca. Se dirigieron a ella. Al lado derecho de la construcción, junto a un árbol, encontraron los restos de un joven acribillado. En la parte trasera de la casa había otro cuerpo. Un tercer muerto yacía en el interior. Ahí mismo, acurrucado en una cama, hallaron el cadáver de un hombre de unos 70 años de edad. Tenía la cabeza destrozada. Su sombrero cubierto de sangre estaba al lado. Era Fermín Reyes Martínez, el último sobreviviente del clan Reyes Pruneda. El hombre que burló al Fiscal de Hierro.

NOTA BENE

"Acapulco *Timeless*" se publicó en la revista *Letras Libres* en febrero de 2018. "Ahora imagino cosas" se publicó en el volumen colectivo *Breve historia del ya merito*, Sexto Piso, 2018. "Shanghái Lounge" se publicó en la revista *Aire* en mayo de 2018. "Radio Desierto" se publicó en *El País Semanal* en noviembre de 2018. "El camino hacia Mazatlán" se publicó en la revista *Gatopardo* en diciembre de 2018. Las otras crónicas que completan este libro permanecían inéditas hasta ahora.